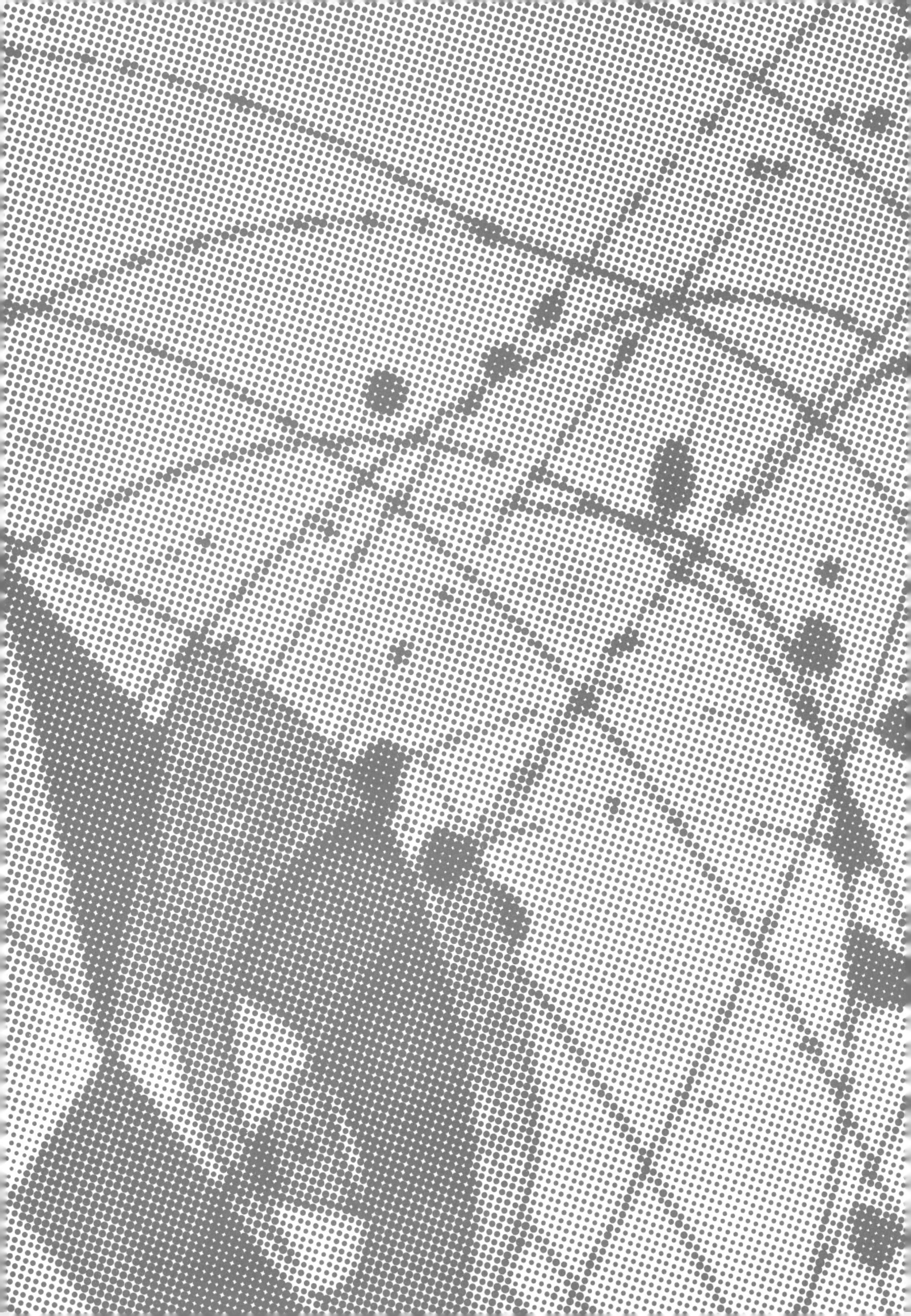

MAX ERNST

后浪出版公司

恩斯特

［英］伊恩·特平 著

Self 小院 译

cns | 湖南美术出版社

全 国 百 佳 图 书 出 版 单 位

·长沙·

图书在版编目（CIP）数据

恩斯特 /（英）伊恩·特平著；Self 小院译 . –– 长沙：湖南美术出版社，2021.9
ISBN 978–7–5356–9567–3

Ⅰ . ①恩… Ⅱ . ①伊… ② S… Ⅲ . ①恩斯特 (Ernst, Max 1891–1976) – 生平事迹②绘画 – 作品综合集 – 德国 – 现代 Ⅳ . ① K835.165.72 ② J231

中国版本图书馆 CIP 数据核字 (2021) 第 163701 号

恩斯特
ENSITE

出 版 人：黄　啸
著　　者：［英］伊恩·特平
译　　者：Self 小院
出版策划：后浪出版公司
出版统筹：吴兴元
编辑统筹：蒋天飞
特约编辑：陈诗航　朱明逸
责任编辑：贺澧沙
营销推广：ONEBOOK
装帧制造：墨白空间·张静涵
出版发行：湖南美术出版社（长沙市东二环一段 622 号）
　　　　　后浪出版公司
印　　刷：嘉业印刷（天津）有限公司
　　　　　（天津市静海经济开发区北区银海道 48 号）
开　　本：635×985　　1/8
字　　数：170 千字
印　　张：16
版　　次：2021 年 9 月第 1 版
印　　次：2021 年 9 月第 1 次印刷
书　　号：ISBN 978–7–5356–9567–3
定　　价：68.00 元

读者服务：reader@hinabook.com 188–1142–1266
投稿服务：onebook@hinabook.com 133–6631–2326
直销服务：buy@hinabook.com 133–6657–3072
网上订购：https://hinabook.tmall.com/（天猫官方直营店）

马克斯·恩斯特生平与艺术

　　马克斯·恩斯特（Max Ernst）是达达主义和超现实主义两场艺术运动中最复杂也最具创造力的艺术家之一。这两种艺术流派主张反抗主流社会组织形式，对盛行的政治、哲学思想和当时的主流艺术持一种厌恶的态度。作为其中具有代表性的艺术家，恩斯特不仅对达达主义和超现实主义的发展做出了许多重要的贡献，还将两个流派的理论特征融合进了艺术创作当中。

　　首先值得注意的是恩斯特艺术作品中丰富的多元性。像马格利特（Magritte）这样的画家，始终坚持自己成熟的风格，只有极少数作品例外，而恩斯特却以惊人的超然姿态，建立了新的技法和艺术理念。另外，凭借自己对虚幻主义和抽象主义的熟练掌握，他为自己赢得了"彻底的超现实主义者"的称号——其作品所展现的梦幻风格和自动主义绘画技法就是超现实主义理论的两个主要方面。也许这种多样性让人联想到毕加索，但恩斯特的艺术初衷却与那位立体主义画家截然不同。毕加索主张"去发现"而不是"去寻找"，而恩斯特一生的主要作品却笃定于一种求索的态度。正是这种对技法多样性与风格多元性的探索，让我们得以窥探恩斯特的艺术世界，理解他作品当中纯粹的目的。超现实主义理论将艺术家的角色限定为被动的"机械记录者"，恩斯特却反对将艺术创作看作对梦境和对无意识活动的机械记录，相反，他认为自己的作品是对人们的梦境和无意识行为的探究，而作品也应当是探究结果的视觉呈现。换句话说，他的创作不仅仅是对无意识内容的探索，同时也在有意识和无意识之间建立了一场对话。这场对话牵扯到多个因素：一方面，无意识是精神现象的固有产物，另一方面，根据荣格（Jung）的理论，无意识也是人类集体潜意识的储藏库；意识既是赋予生活体验终极意义的组成要素，同时又是一个靠不住的媒介，因为意识具有支配性，只能展现片面的现实图景。此外，在恩斯特看来，有意识和无意识之间的对话应在画家灵感闪现的那一刻产生，并自动呈现在画布上。在某种程度上，他将自己的艺术视作一种探寻的手段，而并不仅仅是停留在艺术品本身的玩味。所以，恩斯特的艺术并未偏离超现实主义的划定。此外，他也尝试着通过绘画去调节理性和直觉、智力和灵感之间的冲突，这就让恩斯特不得不以别样的视角来进行艺术创作，探寻出一条其他达达主义和超现实主义艺术家从未涉足的路。

　　恩斯特于1891年生于科隆附近，童年的复杂经历和心理创伤为他日后的艺术创作提供了素材。对恩斯特影响至深的首先是他的父亲，一位虔诚的天主教徒，恩斯特从小就受到严格的天主教教育。同时，父亲也会在周日兼职作画，他既是小恩斯特心中的楷模，也是他日后艺术创作中反叛的对象。不过，尽管有了这些自传素材，恩斯特的艺术作品也并非仅限于在容易产生幻觉的心智当中驱散童年阴影。早年接触了弗洛伊德的无意识理论之后，他既创作出了具有象征意义的画作，又总结出了很多方法论，让观众能够从画作中体会到艺术家的原始创作灵感，从而引发共鸣。在这个层面上，恩斯特不同于其他超现

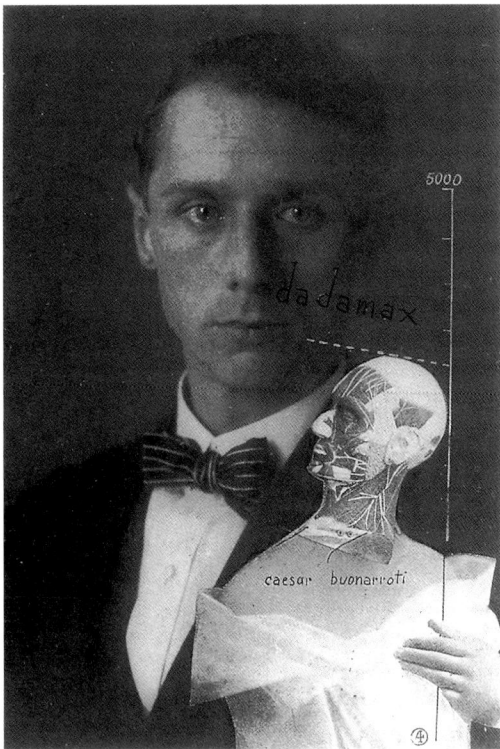

图 1

被击打的沙球还是不朽的博那罗蒂

1920 年；
照片拼贴画；
176cm × 115cm；
私人收藏，芝加哥

实主义艺术家，总是停留于对自己梦境的再现。恩斯特认为，如果不了解做梦者和梦境的内容，单纯地堆砌梦境便毫无意义，因此他也预见了弗洛伊德不会为超现实主义的梦境作品集背书。恩斯特在自己的画作中融入了大量心理学、神学、科学、历史学乃至艺术史学方面的暗示和指涉。这种艺术在本质上更像是一种文学创作。另外，恩斯特的特别之处还在于他不依赖绘画去诠释作品，而是通过类似的创作过程来再现自己的经历。这种将方法、风格和主题关联起来的艺术手法，在恩斯特一生丰富多样的传世作品当中显而易见。

在艺术生涯的起步阶段，恩斯特就在现代绘画领域进行了广泛的实验。凡·高（Van Gogh）是早期对恩斯特影响最大的艺术家——早在 1912 年的科隆桑德邦德（Cologne Sonderbund）现代艺术展之前，恩斯特就已经对凡·高的作品稔熟于心，并决心要成为一位画家。在恩斯特 1909 年前的许多早期绘画作品中，我们就能看到凡·高带来的影响，这些作品表现了强烈的色彩关系，笔触强而有力。1911 年，恩斯特为了取悦父亲，进入波恩大学（Bonn University）学习哲学和心理学。次年，他认识了德国表现主义画家奥古斯特·马克（August Macke）。马克介绍他认识了许多其他画家，其中就包括"蓝骑士社团"（Blue Rider）成员和法国艺术家罗伯特·德劳内（Robert Delaunay）。德劳内的奥费主义（Orphism，立体主义中的一个分支，强调不同视觉效果）以其独特的色彩象征手法，对许多德国艺术家乃至"蓝骑士社团"都产生了重要影响。《花与鱼》（*Flowers and Fish*，彩色图版 1）就是恩斯特对奥费主义的诠释之一，这幅画方方面面都渗透着弗朗茨·马克（Franz Marc）的万物有灵论，也是恩斯特在第一次世界大战中担任德国军队炮兵工程师期间的作品。

德国表现主义对恩斯特的影响随着第一次世界大战的结束而终止了。作为当时德国最前卫的先锋运动思潮，表现主义被推上了风口浪尖，并成为达达主义者攻击西方文化的主要目标。然而，恩斯特转向达达主义的原因不单是出于反对表现主义或某些纯粹的政治原因。早在战前，这一伏笔就埋在了他孜孜追求的兴趣爱好当中，而当西方的文明艺术陷落之时，这种倾向便开始在他的艺术创作中突显出来。在学生时代学习心理学期间，恩斯特曾造访当地的一家精神病院，病人们的画作激发了恩斯特的创作想象力。他在这一时期学习的心理学知识和精神分析理论（主要来自弗洛伊德的相关著作）让他能够理解那些由精神病人及儿童创作出来的作品，还有因其特殊形式而备受先锋派推崇的原始艺术。

达达主义运动的反抗有多种形式，从公开的政治抗议，到坚信只有全新的艺术才是人类的救世主——后者深深地打动了恩斯特，让他在 1917 年不惜为此退役。然而，尽管他的艺术日臻成熟，作品中还是找不到汉斯·阿尔普（Hans Arp）[1] 乐观主义的痕迹，也并未展现出像马塞尔·杜尚（Marcel Duchamp）这样的达达主义者所推崇的严格的反传统观念。

总体来看，在达达主义抨击现代主义艺术和既定价值观的运动

1 亦名让·阿尔普。——译者注

中，恩斯特的最大贡献在于他的"拼贴法"（彩色图版 2 至 5）。1912年，立体主义艺术家首次发明了"拼贴"这种技法，它承载了达达主义者重要的"反艺术"内涵，因而被他们广泛运用，无论是柏林达达主义者具有公开政治倾向的蒙太奇照片，还是施维特斯在汉诺威创作的"梅尔兹"拼贴画（图 2）。恩斯特的创作则介于这两种极端之间。最初，他将拼贴画视为一种突破立体主义形式的表现手法，进而让打破局限成为可能。他的关注点不在于作品的抽象形式，而在于将照片和印刷品残片拼贴起来，以此呈现出奇异的并列图像。恩斯特拼贴的灵感源自毫不相干的科学物品的荒诞组合。正如后来他自己描述的那样，这种组合方式"给我带来了一种突如其来的视觉感官刺激，呈现出一系列看似矛盾的幻觉意象……两者绵延不断地迅速交织，就像是唤醒了爱情的记忆，或是像在半梦半醒间睁开眼那样意义非凡"。恩斯特发现，他只用添加一条突兀的线、一个色块或是"与被呈现事物截然不同之景"，就能够丰富并置效果所呈现出来的诗意。这些拼贴作品不仅从本质上反传统艺术，其梦幻般的主题也在暗中抨击那个时代的价值观，尤其是对理性思维的依赖。在这个过程中，恩斯特将梦境看作无意识场景顺利进入意识领域的最佳临界点。据恩斯特描述，他把添加的无意识场景融入到作品当中，而这些作品就"揭示了我最隐秘的欲望梦境"。

恩斯特将梦境作为母体，进而再把各种不相干的物品组合起来的做法也曾有过先例，其中最突出的当属意大利画家乔治·德·基里科（Giorgio de Chirico）的"形而上"绘画。1919 年，恩斯特首次在画册上看到了他的作品。基里科的画作以不同的组合形式，展现了相互冲突的透视关系、相互矛盾的平面和立体的形态、不合逻辑的光影以及无关物体的奇异并置，这种融合产生了一种一以贯之、引人入胜的梦幻效果（图 3）。直到 1921 年，恩斯特才完全接纳了德·基里科的风格，这位意大利艺术家的确赋予了他一种可能性，让他得以了解"一种被系统性错置的文化及其相应的效果"，他的影响立竿见影地体现在恩斯特 1919 年创作的八幅石版画中，恩斯特将这个系列命名为《放低艺术，给时尚空间》（*Fiat Modes, Pereat Ars*，图 4）。

1920 年，恩斯特与汉斯·阿尔普在科隆会面，早在 1914 年战争爆发前他们就曾有过短暂接触，一同参加会面的还有社会主义激进人士阿尔弗雷德·格林瓦尔德［Alfred Grünwald，化名为约翰内斯·巴格尔德（Johannes Baargeld）］。他们共同组建了科隆达达主义团体，并在此后一年多的时间里公开出版了一些刊物，却都只是昙花一现。此外，他们还举办了两次展览。科隆的达达主义活动具有显著的艺术特质，这个团体也因此而闻名。尽管这两个展览已经比传统艺术展更具"达达式的挑衅意味"（其中一个展览特意为参观者提供了斧子，并鼓励观众用斧子去摧毁展品），恩斯特还在同一时期绘制了一系列拼贴画，并于 1921 年 5 月在巴黎"无与伦比"画廊的"超越绘画"（Beyond Painting）展上进行展出。这次展览的策划人安德烈·布勒东（André Breton）[1] 是将来超现实主义小组的领军人物。这次活动证明了当时科

图 2

库尔特·施维特斯：错位的力量

1920 年；
拼贴画；
105.5cm × 86.7cm；
伯尔尼美术馆，瑞士

1　安德烈·布勒东，法国诗人和评论家，超现实主义创始人之一。——译者注

图 3

德·基里科：
哲学家的征服

1914 年；
布面油画；
126cm × 98.5cm；
芝加哥艺术学院，约瑟
夫·温特博瑟姆公司藏集

图 4

《放低艺术，给时尚空
间》的一张石版画

1919 年；
43.7cm × 31.9cm

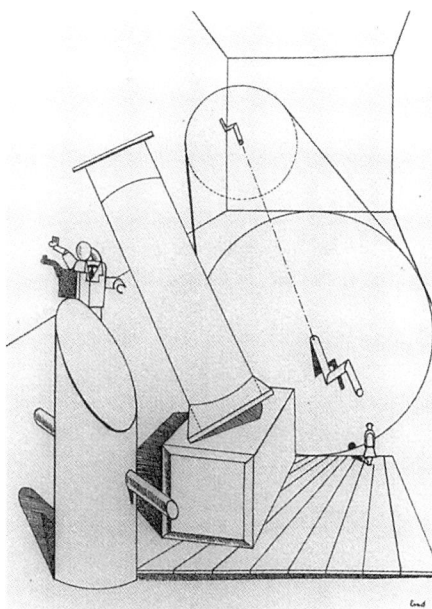

隆的达达主义团体与巴黎的达达主义团体之间有过密切接触，而巴黎的达达主义活动又与科隆的达达主义风格截然不同。展出的恩斯特拼贴画作品（彩色图版 3 至 5）呈现出多种多样的组合方式，既有对单一图像的简单修改，又将来源相似的物品部件重新排列组合。通常，这些物品在造型上都有不同呈现：有时它们会被放在一个与自身造型和透视关系相矛盾的空间之中；有时它们又被突兀地推向视图平面，从而增强作品带来的心理冲击力。这些拼贴画不仅让人回想起德·基里科，也反映了杜尚和弗朗西斯·毕卡比亚（Francis Picabia）这两位达达主义同道所使用的机械意象给恩斯特带来的影响。此外，恩斯特对自己的作品标题也十分重视，侧面反映出达达主义诗人和画家之间的紧密联系。在命名作品时，恩斯特采用作画的原则，将标题定义为"会说话的拼贴作品"。通常，这些标题都较长且富有诗意，还会以不同的语言来呈现。标题对普通现实的扭曲与画作本身相呼应，两者形成了一种互惠关系，既互为灵感，又强化彼此。恩斯特在创作这些作品时，正以满腔热情阅读诺瓦利斯（Novalis）[1] 和荷尔德林（Hölderlin）[2] 的诗歌。将文字和图画结合在一起的尝试，让他在 1923 至 1924 年间迎来了创作巅峰，绘制出一系列图画式的诗歌（彩色图版 15）作品，影响了未来图画诗（peinture-poésie）的发展，同时也迎合了超现实主义者们反对先锋派纯抽象化的呼声。标题文字不仅与图画相呼应，也是画作结构的一个组成部分。1921 年，恩斯特的拼贴画在巴黎展出，大众反响热烈，为他之后的贡献埋下了伏笔。他不仅帮助布勒东在理论上定义了超现实主义，也为那些响应布勒东号召、记录梦境的画家提供了一个参照。在巴黎展览之后到布勒东第一次发表《超现实主义宣言》（*Manifesto of Surrealism*，1924 年）期间（即所谓的"模糊时代"），恩斯特重新回归油画，创作了一系列作品（彩色图版 7 至 11 和彩色图版 14）。在创作这些作品时，他将自己长期以来对拼贴画的理解和借鉴自德·基里科作品的技法融为一体，并且从更加个人化的层面去加以诠释。

在《摇摇欲坠的女人》（*The Teetering Woman*，彩色图版 11）中，我们可以捕捉到德·基里科式的画面布景：用两根古典建筑风格的柱子作为背景，支撑着一个几乎未被雕琢的、看似拼贴起来的机器人。该系列的其他画作也具有拼贴的特征，比如复合生物体和相冲突的视角，并且更侧重于强调无关物体在荒诞背景中的格格不入。在《西里伯斯岛[3]》（*Celebes*，彩色图版 7）和《女人、老人和花》（*Woman, Old Man and Flower*，彩色图版 10）中，恩斯特都将异种生物作为画面的主角。在《西里伯斯岛》中，以苏丹玉米仓库为原型而设计出的庞然大物让人过目难忘，它就像一台真空吸尘器，面对着一个无头的、戴着手套的传统裸体形象和一个奇怪的柱状物体，似与《人以帽为装》（*The Hat Makes the Man*，彩色图版 4）中的形象如出一辙。在《女人、老人和花》中，老人的身体由一个破裂的花盆组成，而女人的头则是

---

1 原名格奥尔格·菲利普·弗里德里希·弗莱赫尔·冯·哈登贝格，18 世纪德国浪漫主义诗人。——译者注
2 弗里德里希·荷尔德林，18 世纪德国诗人。——译者注
3 印尼苏拉威西岛的旧称。——译者注

一把扇子，她的身体由穿孔的金属挡板拼凑而成。在《俄狄浦斯王》（*Oedipus Rex*，彩色图版 9）中，一只被刺伤的手从窗户里伸出来，紧握着一颗核桃，与两个鸟头产生强烈对比。相比之下，两只鸟的视觉反差稍显不足。观看鸟的视角和围栏的视角相互矛盾，从而增强了建筑物中的透视效果，构建出一个难以被辨认的空间。在这些作品当中，有相当一部分都描绘了飘浮在空中的物体，但展现出的种种视觉效果却不尽相同。在《俄狄浦斯王》中，热气球在天空中飘浮的寻常景象与地上的奇异生物形成鲜明对比。在《西里伯斯岛》中，大海和天空连成一片，空中甚至还飘着几条鱼。尽管这些在 1921 至 1924 年间的作品主题融入了弗洛伊德的理论，但画作中透露的实际心理状态还是高度个人化的。对比《圣母怜子图（夜间革命）》（*Pietà, or Revolution by Night*，彩色图版 8）和《第一个清晰词语的诞生》（*At the First Clear Word*，彩色图版 13）这两幅画时，这一点尤为明显。在后一幅画中，舒展的手指和女性的下半身直白地揭示了性这一主题。在前一幅画中，年轻人的形象几乎是素描而成，而那个怀抱着他的父亲形象，无疑是以恩斯特的父亲为原型，而他父亲本人也曾画过很多宗教题材。在父亲的作品当中，至少可以找到一张以小马克斯·恩斯特为原型的圣婴耶稣的脸。《被夜莺威胁的两个孩子》（*Two Children Are Threatened by a Nightingale*，彩色图版 14）这幅画则体现出他在童年时代所经历的恐惧与不安。这幅作品的精妙之处在于，它扩展了将平版画和摄影图像拼贴在一起的创作技法，将画作放入木框背景之中，从而将画面打造为既定的现实。

在《被夜莺威胁的两个孩子》当中，心理错位感不是来自风格和

图 5
朋友聚会

1922 年；
布面油画；
100cm × 195cm；
瓦尔拉特博物馆，科隆

内容的结合，而是来自两者之间的冲突。一个女孩正在追逐一只刚刚扑倒她妹妹的夜莺（一种最胆怯的鸟），一个男人正跨过木屋房顶朝着一个警铃（实物）跑去（也许是从房顶跌落，一种在梦中常有的感觉）。画中背景的透视令人眩晕：远处有一个凯旋门样式的建筑，近处则有一扇木门栅栏（实物），被真正的门合页固定在画面上，可以随意开关。

就像这个系列中的其他作品一样，《人们对此一无所知》（*Men Shall Know Nothing of This*，彩色图版12）带来的视觉震撼不仅源自对各种各样素材的拼凑，还包含了重点阐释的内容——它对众多素材来源进行了指涉，比如科学、精神分析、占星术和神秘学，等等。在这幅画的背面，恩斯特以作诗的方式对作品进行了解读，他在诗的结尾写道："在盈缺和月食间，月亮快速地变换着。说对称，这幅画是奇特的。在画中，两性也实现了相互制衡。"

1922年，布勒东第一次尝试着将超现实主义定义为"某种与做梦的状态十分接近的无意识心理行为"。同年，恩斯特非法入境法国，居住在诗人保罗·艾吕雅（Paul Eluard）家中。1924年，他陪同艾吕雅夫妇去远东地区旅行。几个月后，恩斯特回到巴黎，加入了一个当时正积极讨论布勒东的第一次《超现实主义宣言》的小组，该宣言发表时，恩斯特并不在巴黎。这份文件意义非凡，不仅将达达主义中盛行的思想（尤其是关于无意识和偶然性的部分）进行了汇编，还为扩展弗洛伊德心理学理论提供了合理依据。

由此，恩斯特开始改变自己的基本绘画原则和风格，这一转变的灵感虽然来自对布勒东无意识理论的一个发现——擦印法（frottage），但归根结底还是源自他独特的童年记忆。据恩斯特描述，一天他在检查一块木地板时，上面深深的凹槽勾起了他对仿红木镶板的童年记忆。那一刻，他突然有了灵感，想把有机形态结合在一起，运用在创作当中（图24）。恩斯特将画纸随意地铺在地板上，再用铅笔在上面擦印，效果让他非常惊讶。他写道："因此，这些画逐渐失去了……我研究的材料——木头——的固有特性，并呈现出难以置信的清晰图像，甚至还解释了我对这类画作产生迷恋的原因。"

1926年，34幅擦印画作品被冠以《自然史》（*Histoire naturelle*）的书名在巴黎出版。达达主义拼贴画中如梦幻般组合在一起的图景，也通过这些作品增强了视觉冲突，犹如不同质地和纹理被放在一起，呈现出一种对立的效果。这些纹理被整合到了擦印拓本中，其中的拓片就像从潜意识中浮现出来的一样，带有一种对探索潜意识的痴迷。其中一些擦印作品依然相对如实地保留了原来的材质。一幅画中，几块地板显现出一块木栅栏的印痕。在其他画作中，画面里的材质五花八门，却几乎无法辨认，如右页所示的这一幅。这些擦印画，以其意象的神秘轮廓和微妙的色调，在20世纪最为精致优美的平面艺术作品中占有一席之地。不仅如此，恩斯特还强调了擦印画和"潜意识"之间的联系。毫无疑问，这些作品的创作处处透露着精雕细琢的功夫，但恩斯特却低调地写道："从作品诞生那一刻起"，艺术家的角色就已经被弱化成了"观察者的角色"，这样艺术家才能超越与艺术密不可分的种种限制——理性、品位和道德。

图 6
海和太阳

1925 年；
苏格兰国家现代艺术画
廊，爱丁堡

　　发明擦印法之后，恩斯特随即迎来了创作的高产期。在超现实主义同道画家米罗（Miró）[1] 的影响下，恩斯特将擦印法的工序运用到了油画创作中（图 6），这一全新的创作手法被称为"刮擦法"（grattage）——先用画布覆盖在不同物品上，然后挤上颜料，再把褶皱画布上的颜料刮擦下来，等画布表面累积了几层颜料涂层后，再用画刷对材质进行细致的处理。《两姐妹》（Two Sisters，彩色图版 18）充分展示了恩斯特改进擦印法并将其运用于油画的实践。在画中，恩斯特不仅坚持保留原材料的质地，还用黑色颜料模仿铅笔擦印的效果，与《自然史》系列作品中使用彩色蜡笔描绘出的微妙色调颇有异曲同工之妙。

　　在《向着 100,000 只鸽子》（To the 100, 000 Doves，彩色图版 16）中，恩斯特用画刷在密集的纹理质地中画出了鸟头，借此暗示这是一个庞大的鸟群。这样，《自然史》擦印画中所展现的浅层空间就完全扁平化了。这些缺乏立体感的隐喻元素从背景中浮现出来，形成了一

1　胡安·米罗，西班牙画家，超现实主义代表人物。——译者注

图 7

圣母玛利亚责打婴儿耶稣

1926 年；
布面油画；
196cm×130cm；
私人收藏，布鲁塞尔

个网格，让人联想到分析立体主义中可见世界的分崩离析。

《森林》(*Forest*)直接取材于恩斯特的童年时光，也参考了早期德国画家的风格。早年，恩斯特对森林的感受十分矛盾：对他来说，森林既让人感到快乐，又让人备感压抑；既提供了户外露天的自由，又在树林深处营造出一种被埋葬的氛围。在作品《大森林》(*The Great Forest*，彩色图版 25)中，这些感觉通过质朴而强劲的画风得到了体现。整个系列中的森林是一个整体，既可以被看作是树木，又可以是岩石峭壁，看上去全无景深效果——森林紧贴图像平面，就像一个平面舞台背景。森林背后被涂抹成了一片幻景天空，中间有一个太阳或月亮似的光环，散发着诡异的光芒。恩斯特将幻觉艺术与置景策略结合在一起，创造出一个令人心绪不宁的景象，让我们不禁自问：我们眼前的景象，有多少是我们意识之外的客观真实存在，又有多少是我们自己创造出的幻象？恩斯特所采用的德国传统的森林绘画技法反映出浪漫主义带来的影响，即"面对自然时的情感"。恩斯特自己则参考了卡斯帕·大卫·弗里德里希(Caspar David Friedrich)[1] 给画家们的忠告，要他们闭上眼睛，以便能用"心灵的眼睛"去看去感受。恩斯特以"心灵的视野"从个人幻想和普遍集体无意识两个角度去诠释了森林。在一些森林系列作品中，"受困的鸟"为画面增添了一丝不祥之感，让人想起德国童话故事中的黑暗面(再次影射了恩斯特的童年)以及 18 世纪哥特小说中极度骇人的恐怖气氛，而这些都被超现实主义者视若家珍。

《部落》(*The Horde*，彩色图版 24)系列作品的质地是通过不同粗细的麻绳来打造的，这些麻绳盘旋缠绕，构成了栩栩如生的人体形象。与《森林》系列一样，这幅画的背景也是涂抹而成的，尽管背景只起到了纯粹的塑形作用——将人群形象锁定在图像平面中。事实上，人群几乎占据了整个画面，所以《部落》没有《森林》中那种隐约的胁迫之感，反而更具纯粹的侵略性。《森林》描绘的是可辨认的梦幻场景，而《部落》则是对无意识黑暗面的隐喻。

恩斯特将刮擦法稍作变化，创作出了《爱的一夜》(*One Night of Love*，彩色图版 27)。和《部落》一样，这幅作品也充满张力，但内容更丰富，层次更复杂。

恩斯特将粗细不同的上了色的麻绳抛落在画布上，然后以留下的印痕为基础，画出一只长着角的雄性生物、一个女性形象和各种不同的动物形态。灰暗的色调和外露的牙齿让这一生物具有威胁性，而它的形态也似乎塑造出了画面中的女性和其他动物。除了雄性生物手中的那只鸟，画面中的女人和其他生物与其背景色调相同。相比之下，它们的形象显得单薄。《部落》中那种无处不在的狂野气氛在这幅画中表达得更为具体。基于对恩斯特画鸟类的技法(见下文)的熟知，我们也许可以推断，这种风格源于他自己艺术构思成型的那个时期。画作结构上的错置，一方面是恩斯特绘画技巧的特点，另一方面是受到了其他画家的影响，比如米罗、20 世纪 20 年代以毕加索为中心的画家团体以及德·基里科的"冲突视角"。这些为其他艺术家作品的

---

1 德国早期浪漫主义风景画家。——译者注

图 8
巴勃罗·毕加索:
海边的人

1931 年;
布面油画;
130cm × 195cm;
私人收藏

借鉴也提供了线索,解释了《爱的一夜》中沙粒质感的由来,以及它为何不同于恩斯特早期许多反艺术画作的平滑质感。

秉持更简单更具纯粹装饰风格的创作理念,恩斯特在 1927 年绘制了《雪花》(Snow Flowers,彩色图版 22)等一系列作品。在这幅画中,利用刮擦法塑造的形似花朵和贝壳的意象,与画作的平滑背景相冲突,画面中不同色块的组合呈现出不同的空间维度。

《雪花》中关在笼子里的鸟是恩斯特使用颇多的一个象征形象,在他早期的很多作品中都有出现(彩色图版 5、9、14、16、25、27以及图 24)。20 世纪 20 年代中期,恩斯特对这一意象的兴趣初显,对一种生物尤其迷恋——"洛普洛普,鸟中之王"[1]。这种迷恋可以追溯到恩斯特童年的一次经历:妹妹出生的那天,他的宠物鹦鹉死了。恩斯特以第三人称的口吻写道:"在他的想象里,他把两件事情联系到了一起,并把鸟儿的逝去归咎于这个婴儿。于是,他的脑海中就有了一个根深蒂固的观念:鸟类和人类界限十分模糊。""洛普洛普"的起源无疑还有其他依据,比如,鸟类在德国的神话传说中占有重要地位。也有人认为他是受了弗洛伊德的影响。还有观点指出达·芬奇就对秃鹫有一种迷恋,因为在油画《圣母、圣婴和圣安妮》(The Virgin and Child with St. Anne,图 28)中暗藏着一只伪装的鸟。在恩斯特的早期画作中,这种迷恋主要体现为"被困住的鸟",比如被困在森林里(彩色图版 25),或者被困在笼子里(彩色图版 22)。然而,1927年,洛普洛普在一幅画作中强势登场,也预示着恩斯特将在 20 世纪30 年代回归更加逼真的写实主义。《鸟类的纪念碑》(Monument to the Birds,彩色图版 20)指涉了升天主题绘画的文艺复兴传统,而这幅

1　Loplop,一种长着鸟头的怪兽形象,广泛见于恩斯特的各类作品。——译者注

图 9
驾艇出游

出自拼贴小说《女人一百头》;
1929 年;
拼贴画;
8cm × 10.8cm;
私人收藏,巴黎

画所采用的干画法，与他在 20 世纪 20 年代早期在德·基里科影响下创作的作品颇有异曲同工之妙（彩色图版 7 至 11 和彩色图版 14）。恩斯特极少涉足宗教题材的绘画创作，而那幅名为《圣母玛利亚责打婴儿耶稣》（*The Virgin Mary Beating the Infant Jesus*，1926 年；图 7）亵渎宗教神明的油画，颇有达达主义的挑衅意味。1931 年，洛普洛普以圣约瑟（Chaste Joseph）的形象出现，他实际上是以老恩斯特为原型塑造的一个融合了宗教画家和大家族之父的形象。20 世纪 30 年代末期，恩斯特创作了一系列被统称为《视界内部》（*On the Inside of Sight*，见彩色图版 21）的画作。在这些画中，形似鸟类的意象栖息在一个圆形或蛋壳之中，让观众分不清内部与外部、意识与无意识。洛普洛普也曾伪装成庆典主人的形象出现了多次——在许多幅油画中，洛普洛普的某些身体组成部分构成了画中画。这些画中画都来自恩斯特对已有作品的改编。在其他画作中，洛普洛普的形象更加拟人化。在一幅名为《洛普洛普介绍一位年轻女孩》（*Loplop Presents a Young Girl*）的浅浮雕作品中，这只鸟端着一个装满拼贴物的相框，相框里展示了女孩的个人信息。

在 20 世纪 30 年代，恩斯特从两个方面对拼贴画进行了探索。他将画中的素材看作复杂的介质，一边以不同的方式呈现作品（彩色图版 23 和 29），一边探索现实的本质以及我们对现实的认知偏差（图 8）。无意识反应和有意识反应的对立为作品《洛普洛普》（*Loplop Presents*，彩色图版 29）带来了神秘的气息，也突显了两种不同风格的矛盾：无论是用作装饰的平滑大理石纹纸或吸墨纸，还是手绘线条打造出的梦幻效果，所有这些都以近似立体主义的方式被放置在画面中。洛普洛普被勾勒成一个轮廓，游走在两种风格之间——实际上，恩斯特是在尝试重塑人类人格。

20 世纪 30 年代，恩斯特的拼贴技艺被他熟练地运用到另一个领域当中——拼贴小说（图 9 至图 12）。这些"小说"以 19 世纪一系列插画书为基础，由恩斯特重新裁剪拼贴而成。那么，选用谁的插画来打造这本拼贴小说就成了一个很复杂的问题。这些插画书不仅为恩斯特提供了创作素材，也代表了恩斯特的一种态度，其中"讽刺"是其作品真正的主题。恩斯特一开始并不认同布勒东贬损 19 世纪小说的做法，不屑于"现实主义态度"。他从理性和逻辑出发，为我们呈现了不寻常的意象并置，这就完全颠覆了素材本身的意义。微小的改动突显了物体和文字之间的冲突，恩斯特把这些曾经简单明了的插画变成了对 19 世纪社会赤裸裸的控诉。宗教偏执和性压抑是他的创作主题，在弗洛伊德之后，这两方面就被当作各种疾病的根源，无论是精神疾病还是生理不适。另外，这种拼贴小说的特殊形式暗含了对社会的批判，但由于它们缺少跌宕起伏的故事，所以小说的结构松散且没有结局可言。小说的形式也就成了一种表达手法。

这些拼贴小说于 1929 年首次出版，书名为《女人一百头》（*La Femme 100 têtes*），这个标题取自法语中的一句双关语，既可以表示"有一百个头的女人"，也可以表示"没有头的女人"，因为 100 既可以读作"cent"，表示"一百"，又可以读作"sans"，意为"没有"。所以，女人一方面是没有头颅的，另一方面又有着许多头颅。每一幅拼贴画

图 10

体育运动

亦名《你钟爱的死亡》；出自拼贴小说《女人一百头》；

1929 年；

拼贴画

都有一个标题，作用类似于达达主义拼贴画的标题，大多都强烈地呈现了超现实主义"黑色幽默"的元素。《驾艇出游》(*Yachting*)这一简短的标题与所示的拼贴画(图9)一道完美地唤起了田园诗般的体验，而当水手转过身来直面身旁长凳上已经被肢解的大块躯体时，这种完美的体验就不可挽回地被击碎了。

1934年，恩斯特出版了拼贴小说《一周的善良》(*Une Semaine de bonté*)，其副标题为《核心七要素》(*Les Sept éléments capitaux*)，包括五本彼此独立的小画册。《一周的善良》为我们展示了一个"致命元素"，以及这个元素在一个星期内每一天的示例。图11来自"星期三之书"，这一天的元素是"血液"(在构成世界的传统四大元素当中，恩斯特只保留了火和水)，它的示例是"俄狄浦斯"，他违反了不得与血缘亲属发生性关系的法律，并与插图中的狮身人面像有着某种联系。图12来自"星期日之书"，这一天的元素是泥土，示例则是狮子。《一周的善良》这本拼贴小说的效果比《女人一百头》更加戏剧化，更不用说剧场版的体验效果了。这些作品大致反映了当时笼罩欧洲政治形势的厚重阴霾，恰如恩斯特在20世纪30年代的艺术创作中描绘的危机一样(也许多超现实主义和先锋运动绘画)。相较于恩斯特之前创作的拼贴小说，《一周的善良》中的人物更接近视觉水平面，与周围空间的联系也更紧密。观众自然而然地会有一种感觉：有意识和无意识之间的冲突并不是太强烈，后者并不会对前者发起直接攻击。

20世纪30年代，恩斯特对超现实主义和艺术手法的态度都发生了重大转变。这一时期的超现实主义绘画完全以达利(Dali)、马格利特和伊夫·唐吉(Yves Tanguy)等人的幻觉主义为主导，而抽象主义者安德烈·马松(André Masson)、米罗以及恩斯特本人则经历了创作的低谷期。20世纪30年代，超现实主义绘画之上的阴霾折射出欧洲每况愈下的政治经济形势，尽管超现实主义画家不会对此作出直接评论(例如布勒东拒绝承认超现实主义是左派的宣传机器)。恩斯特确属例外。在这一时期，他通过使用隐喻和符号，集中精力描绘呼之欲出的人性黑暗面。恩斯特以这种新的尝试完成了一本拼贴小说，强调了他所坚信的有意识与无意识之间、理性与直觉之间无法调和的矛盾及其对应的现实图景。

20世纪30年代，恩斯特主要依靠他在前十年间创制的风格和方法进行创作。他时而采用衍生自擦印法和刮擦法的平面画法(彩色图版28和31)，时而又偏向雕塑幻视效果，后者灵感源于20世纪20年代早期德·基里科的作品(彩色图版30、彩色图版32至34)。1926年，由于为佳吉列夫的一部芭蕾舞剧设计舞台背景，恩斯特与米罗在被暂时驱逐后处境每况愈下。然而，恩斯特作品中呈现出的那种自信，掩盖了他长期不稳定的财务状况和被超现实主义团体排斥的境遇。

在《花园中的飞机陷阱》(*Garden Aeroplane-Trap*，彩色图版30)系列中，有毒植物潜伏在几块围墙区域内，力图捕获并摧毁空中的飞机。恩斯特曾拥有一本19世纪的捕鸟手册。从描绘洛普洛普到刻画人造飞行器，这种转变影射了当时欧洲日益腐败的政治和衰落的思想自由。笔触的冷色调以及刻板又精准的画功并没有减弱场景的恐怖程

图11

俄狄浦斯王

出自拼贴小说《一周的善良》；
1934年；
拼贴画；
28cm × 20.5cm

图 12

图 12

贝尔福之狮

出自拼贴小说《一周的
善良》；
1934 年；
拼贴画；
28cm×20.5cm

度，反而强化了它。《花园中的飞机陷阱》的寻常视角证明了恩斯特的确曾受到幻象超现实主义者的影响，但在那些超现实主义者的作品中，并没有像这些天然植物杀手一样如此冷酷精妙的意象。

《花园中的飞机陷阱》中的围墙，在《整座城》（*The Whole City*，彩色图版 31）所属系列中演变成了一座完整的堡垒。这一系列画作基本上是在 20 世纪 20 年代后期"森林"系列的基础上稍作改动而成的。与"森林"系列相似，"整座城"系列通过运用刮擦的技巧，让画面既呈现了接近画作平面的扁平图案，又展现了阴影的纵深效果，就像《大森林》（彩色图版 25）这幅画一样。在这一系列中，一个悬挂在多个城市上空的圆盘状太阳散发出险恶的光芒，在某些作品里，光线还照亮了前景中的蛮荒丛林，进一步增强了太阳这一意象的威胁感，它充满幻觉般的风格与城市本身的平淡无奇形成鲜明对比。"整座城"系列画作可以说是一种隐喻：始终处于压抑中的无意识黑暗力量摧毁了人类的理性架构。

在"整座城"系列中，向上肆虐生长的尖形植物长成一片灌木丛，而危险的氛围并未削弱。在 1936 年至 1938 年间，恩斯特以系列画的形式描绘了森林，其中《生命之乐》（*Joie de Vivre*，彩色图版 32）就是一个典型。在这个系列中，植被的茂盛丰满与恩斯特的干颜料绘画手法形成对比，为我们理解作品主题提供了线索。画中的植被展现的不是生命的丰富性，而是生命的危险性，因为植被中藏匿着一些掠食动物，有时我们甚至分辨不清。画中的森林让人联想起"海关税务员"亨利·卢梭（Henri Rousseau）[1] 笔下神秘但却永远亲切友好的丛林，而卢梭的作品也为超现实主义者推崇备至。怪物出现在恩斯特的丛林之中，烘托出一种诱捕的氛围。恩斯特也拒绝接受超现实主义者调和梦境与现实的"方法"，这一理念在森林系列中被延伸为一种追求人与自然和谐统一的浪漫主义情怀。对于年轻的恩斯特来说，森林既象征着自由，也代表了禁锢。而彼时在他的画刷下，森林是一个只会带来死亡的意象。

将想象中的怪物画于纸上是一件乐事，恩斯特也借这一意象来嘲笑人类对理性力量的依赖。这是《生命之乐》所展现的主题。这种风格在恩斯特 20 世纪 30 年代后期的一些作品中更为明显。其中《家园天使》（*The Angel of Hearth and Home*，彩色图版 33）和《新娘的长袍》（*The Robing of the Bride*，彩色图版 34）就是很好的例子。这两幅画都很清晰，像是身处梦境一般。而在早期的绘画中，恩斯特把现实中毫无关联的物体组合起来，意在能够点燃无意识深处的"火花"。这两幅画里"梦中的怪物"，在心理和生理层面都构成了威胁。《家园天使》绘制于共和党人在西班牙内战中完败之后，恩斯特罕见地在画作中表达了对某个特定政治事件的态度。尽管恩斯特已经对实现超现实主义运动的目标感到绝望，但在一段较短的时间内，这幅画都被冠以一个颇具讽刺意味的标题——"超现实主义者的胜利"。作品完成后的第二年，恩斯特与超现实主义团体彻底决裂，而这与布勒东和保罗·艾吕雅的关系破裂有关，后者是恩斯特的终身好友。虽然"恩斯特"这

1　后印象派画家。——译者注

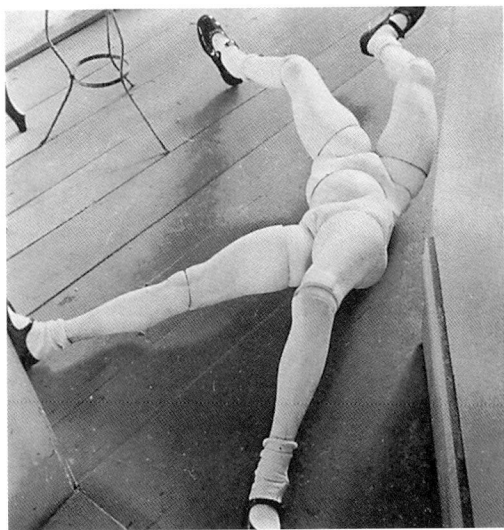

图 13
汉斯·贝尔默：
玩偶

约 1937—1938 年；
彩墨着色照片；
53cm × 53cm；
泰特美术馆，伦敦

个名字在一些超现实主义文献中多次出现，但他本人始终与该团体保持了一定的距离。在他看来，这是创作自由的先决条件。

也许恩斯特在 20 世纪 30 年代的最佳作品是一系列同时表现心理和性本质主题的画作。恩斯特一直对性压抑和心理压抑之间的关系怀有浓厚的兴趣，这一探索在《盲泳者：接触》（*Blind Swimmer: the Effect of Contact*，彩色图版 28）中达到顶点。画中的种子努力在管状物中前行——这一意象衍生自恩斯特早期的木板拓印画。这颗种子作为一个整体，同时代表着一颗男性的种子、被压抑的无意识内涵以及创造力的冲动，而这些都在急切地寻找一个出口。

1939 年战争爆发后，恩斯特曾被法国当局当作敌国公民而遭到审查，也就是在这次审查期间，他遇到了超现实主义者同道汉斯·贝尔默（Hans Bellmer，图 13），随后他们一起实验了由奥斯卡·多明格斯（Oscar Dominguez）于 1935 年首创的自动主义绘画技法。这种技法被称为"转印"，需要将墨水滴入渗透纸张夹层，受到了超现实主义团体特别是诗人们的极力推崇。无需太多技巧，他们的作品就能以罗夏克墨迹测试的方式呈现出各种有趣的画面，自然也得到了很多仁者见仁智者见智的解读。对于恩斯特来说，剩下的问题是如何将这种技法运用到布面油画当中（彩色图版 35 至 37 和彩色图版 39）。在这个过程中，他将自己早期描绘丛林的技法转为符号式的表达，并对整个现代艺术发表了一些极为深刻的评论。

与早期的刮擦画技法一样（彩色图版 16 至 18 以及彩色图版 22、24、25 和 27），恩斯特逐步发展了之前的自动主义夹层画法——用刷子进行加工，让墨色自然地呈现在画面背景中。然而，采用这种转印技法的作品与早期成熟的自动主义绘画代表作在许多要素上都不相同。以《荒野中的拿破仑》（*Napoleon in the Wilderness*，彩色图版 35）为例，画面某个区域中加入了传统幻象，与原来的画作风格截然不同。不同风格和不同处理手法的混搭，让意象之间毫无瓜葛，犹如梦中的事物一样，同时也让人联想起拼贴画中物象的奇异并置。在这个系列的其他作品中（例如彩色图版 36），转印区域明显带有乱真画的风格特征——让人联想到古斯塔夫·莫罗（Gustave Moreau）的作品，因而冲突就没有那么尖锐了。这些画作展现了恩斯特的能力：在一笔一画的创作中挖掘出现实的丰富多样性。其次，两种不同绘画技法的运用塑造了前景和后景之间的视觉差。在刮擦画作品中（见彩色图版 25 和 31），主要意象的扁平画法和画面背景的纵深切入揭示了两种现实之间的距离，即弗洛伊德的"欲乐"和他所谓的"现实准则"。运用转印法绘制的画作则有所不同，乱真画似的自动主义绘画风格将转印后的意象与背景联系起来，自动为前景意象充当了背景。在这一系列画作中，令人印象最深刻的作品无疑是《雨后的欧洲 II》（*Europe after the Rain II*，彩色图版 36）。还在法国时，恩斯特便开始创作这幅画，在经历了一次漫长而危险的逃亡后，他最终在美国完成了它。恩斯特运用转印法绘制出了一个呈海绵状的腐烂地面景观。相较于早期画作《家园天使》，这幅画更强烈地对战争发起了控诉。有关动物、植物和矿物的素材同时出现在画面中，又同时消逝在画面的笔触和色彩当中。

相较于同一系列的其他作品，恩斯特在《圣安东尼的诱惑》（The Temptation of St Antony，彩色图版39）中更多地运用了画笔，让人更直接地联想到他在30年代绘制的那些丛林景观（彩色图版32）。大约在1935年之后的一段时期内，恩斯特对传统的德国式森林和怪兽产生了浓厚的兴趣，并借此来抒发他对政治局势的感受，而动荡的政治局势也是现代欧洲人心理发育过程中的症结。在《圣安东尼的诱惑》中，既有让人分辨不清的动植物形象，也有黑暗的悲观主义情绪，让人联想到类似施恩告尔（Schongauer）和马蒂亚斯·格吕内瓦尔德（Matthias Grünewald）这两位德国画家笔下的场景。

在同时期的其他画作中，恩斯特重新描绘了他早年感兴趣的一些事物，例如作品《草地上的早餐》（Breakfast on the Grass，彩色图版38），它营造出一种更为传统的超现实主义梦境氛围。恩斯特在美国期间，创作了另一幅重要作品《天籁之音》（Vox Angelica，彩色图版37）。在这幅画中，恩斯特系统地展示了自己在过去近25年来融入画作的各种艺术风格和创作技巧。整个画面被框架式的水平线和垂直线划分成了一系列矩形区域。除此之外，恩斯特还运用了转印法、擦印法、刮擦法以及他在30年代描绘森林的绘画技巧，画中还包含被囚禁的鸟和数学仪器。关于这幅画，恩斯特写道，这像是一部"自传式的叙述，在梦境和现实的片段之间，描绘了他从一个国家到另一个国家的游历"。而他实际的游览路线则是借由埃菲尔铁塔和帝国大厦来呈现的。

图14
长期体验之果实

1919年；
涂绘木质浮雕；
45.7cm × 38cm；
私人收藏，日内瓦

21

图 15
头与鸟（对页）

1934—1935 年；
青铜塑；
高 53cm；
私人收藏

图 16
骨胶的制备（下图）

1920 年；
多层纸上拼贴画；
7.6cm × 11.4cm
私人收藏

在画作《天籁之音》中，恩斯特在画面的右上角展示了他创作生涯的最后一项技巧创新。正如方法的名字"振荡"所示，这是一种自动主义绘画技巧——液体颜料从易拉罐底部的一个小孔滴下，随意地跟随绳索的末端摆动，最后滴落于水平放置在地板上的画布上。然而，这项技法只被用于少数作品当中（彩色图版 42），这表明在恩斯特看来，这种技巧缺乏灵活性，无法满足他的表达需求。

在 20 世纪 30 年代，雕塑幻象在超现实主义艺术中变得日益重要，这体现在超现实主义团体成员对实际物体展现出的浓厚兴趣。在布勒东呼吁将梦中不合情理的物品制造出来之后，超现实主义艺术家笔下的物品就承载了将隐秘欲望具体化的重要意义。

在恩斯特的艺术创作中，这一风潮的影响体现于 1934 年他对雕塑产生的兴趣。在那之前，他的探究很少涉及第三维度。在他为数不多的从达达主义时代留存下来的作品中，有一件名为《长期体验之果实》（*Fruit of a Long Experience*，图 14）的木质浮雕。这件木质作品与达达主义同道库尔特·施维特斯（Kurt Schwitters，图 2）的一件拼贴浮雕相似，相较而言，后者是一位更纯粹的达达主义者。施维特斯抵制传统的油画颜料和画布材料，更推崇"真正走出二维空间的尝试"。1934 年夏天，恩斯特造访了瑞士，他对雕塑的兴趣就源自那时。在那里，雕塑家阿尔贝托·贾科梅蒂（Alberto Giacometti）与他同住，借用贾科梅蒂的工具，他用浅浮雕的方式比照着雕刻了在当地河床中发现的两块石头。一回到巴黎，他就开始用石膏创作。根据拼贴原则，恩斯特将日常物品重新组合起来，制造出奇怪的物体，其中的幽默感与他的当代绘画作品的黑暗面形成反差。相较于雕塑艺术而言，类似

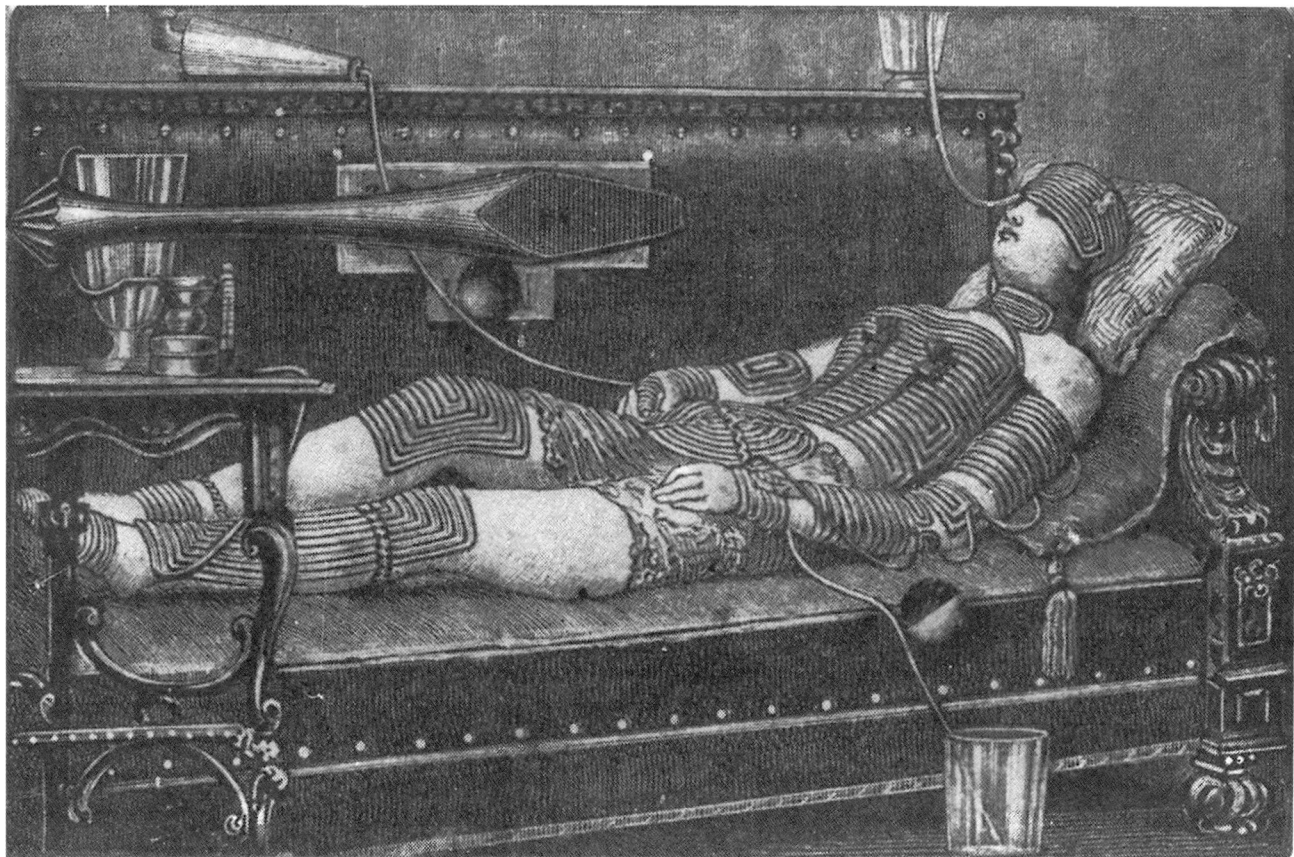

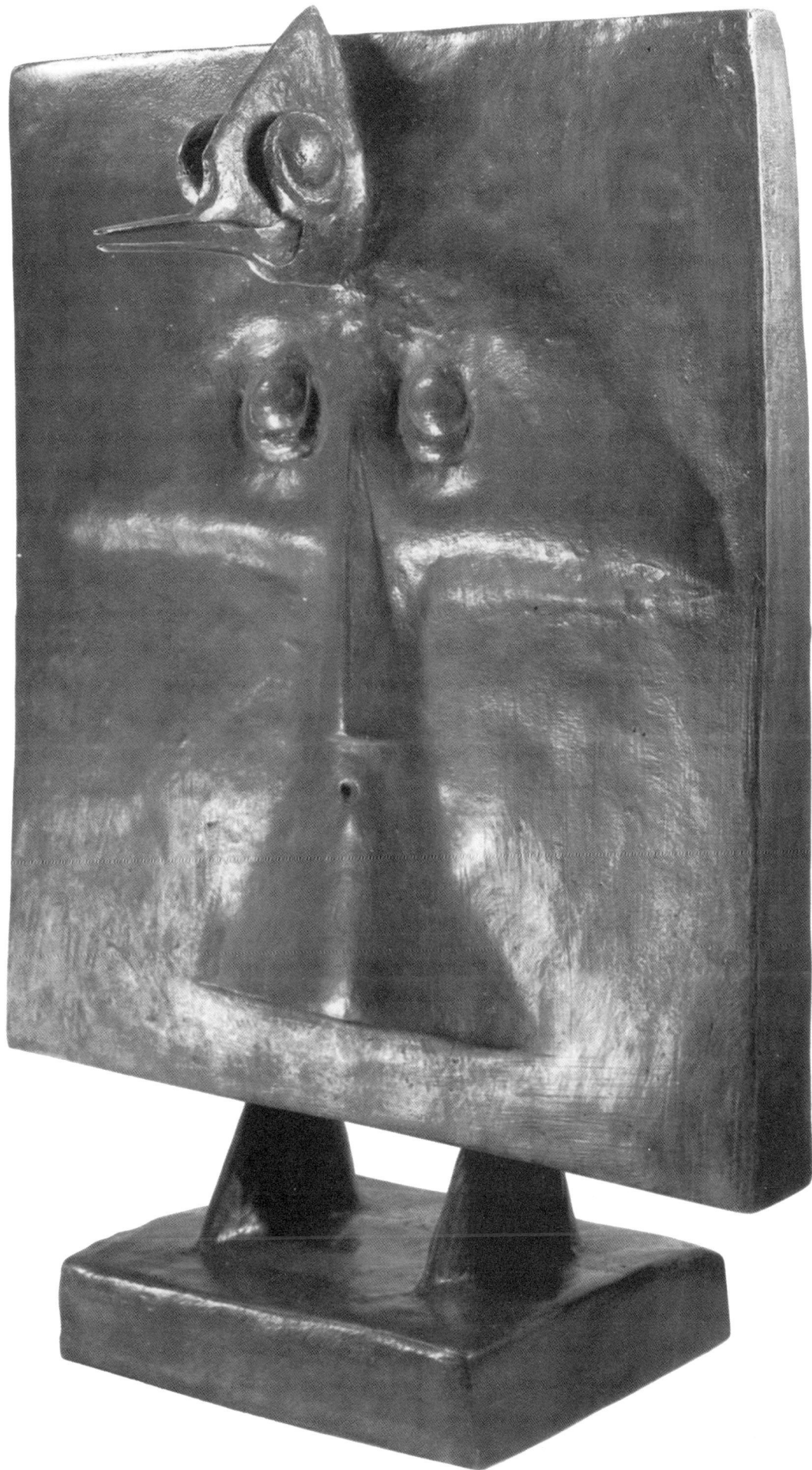

《头与鸟》（*Head-Bird*，图 15）这样的作品更多地展示了原始艺术的风格。事实上，恩斯特对同一时期雕塑家的作品一无所知，这似乎反而赋予了他一种鲜活生动的创作视角。显然，这在 20 世纪 30 年代同期的作品中是非常罕见的。1935 年之后，恩斯特就再也没有创作过雕塑作品，直到 1944 年在长岛居住时才重新拾起。在那里，他开始创作以国际象棋为主题的系列作品。其中最令人瞩目的是《与王后下棋的国王》（*The King Playing with the Queen*，彩色图版 41），内容取材于 20 世纪 30 年代早期贾科梅蒂的桌面雕塑和恩斯特自己的一些画作，尤其是《爱的一夜》。

1946 年，恩斯特搬到了亚利桑那州。在那里，奇异的景观和强烈的光线带给了恩斯特独特的体验，并自那时起奠定了他之后的艺术风格基础，直到他去世也没有改变过。作品《梅杜萨的科罗拉多》（*Colorado of Medusa*，彩色图版 45）的灵感源于恩斯特在科罗拉多河的一次游历。在那里，透过空气中的热浪可以看到岩层的错叠。色层的相互渗透暗示着一块思维领地，其间有意识和无意识的界限模糊不清。

1953 年，恩斯特回到欧洲，在巴黎定居，但他几乎又马不停蹄地去了科隆。这次旅行迎来了《老父亲莱茵河》（*Old Father Rhine*，彩色图版 44）的诞生，画面的主题是向大河致敬。相较于恩斯特运用转印法绘制的其他画作，《老父亲莱茵河》更加抽象。作品预示了恩斯特越来越认同法国绘画中颜色和构图的重要性，而这一理念在诸如《天真的世界》（*The World of the Naive*，彩色图版 47）和《天地婚姻》（*The Marriage of Heaven and Earth*，彩色图版 48）等画作中有明确体现。在完全脱离了超现实主义之后，对于光和色彩的新鲜感一直支撑着他，而那些理论在战后也再未被重新提起。纵观恩斯特成熟的创作生涯，色彩在他大多数的作品中仅占次要地位。他的技法以照片拼贴画和铅笔擦画为基础，而他的艺术则完美地处理了光线的明暗对比效果。

此后恩斯特继续作画，大多数作品都以轻松愉快的风格呈现出来。有时，他的创作会在不经意间回归达达主义和超现实主义——也许这已经是他的一种本能。在日益高涨的赞誉声中，这一风格从未改变，直到他于 1976 年逝世。此后，恩斯特的作品回顾展览陆续拉开帷幕，其中一个展览甚至设在了他的家乡。1954 年，恩斯特因在威尼斯双年展上展出的画作被授予绘画大奖。

恩斯特作品中的多样性和丰富性让他成为 20 世纪最受观众青睐的艺术家之一。他的天赋在于能够围绕创作素材构想出各种各样的绘画技法，并在风格上进行大胆尝试。他的张力在于拒绝用创作去阐释被奉之圭臬的理论，而是将自己的艺术作为探索的工具。如果要解释为什么他的作品总是引人入胜、经久不衰，原因也许正如他自己所说："非常自然地去享受一种忽视表象、打破现实关联的创作自由。"而作为观众的我们，也一同造就了那个推崇无意识的时代。

生平简介

1891 年 2 月 2 日	恩斯特出生于科隆附近的布吕尔，是教师、业余画家菲利普的儿子。
1909—1912 年	在波恩大学学习哲学、心理学和艺术史。
1911 年	加入奥古斯特·马克的"莱茵表现主义"小组。
1912 年	参观位于科隆的桑德邦德艺术展，在那里他看到了保罗·塞尚、文森特·凡·高、爱德华·蒙克和巴勃罗·毕加索的作品。
1913 年	访问巴黎，并拜访罗伯特·德劳内和纪尧姆·阿波利奈尔；阅读西格蒙德·弗洛伊德的《梦的解析》，开始对精神病人的艺术感兴趣。
1914 年	在科隆与让·阿尔普见面。
1914—1917 年	在德国军队中担任炮兵工程师；业余时间作画；参与苏黎世的达达主义展览并在杂志《风暴》上发表文章《色彩的发展》。
1918 年	与路易斯·施特劳斯结婚。
1919 年	创作第一幅拼贴画和第一本作品集《放低艺术，给时尚空间》。
1922 年	非法居留在法国，待在保罗·艾吕雅的家中；与艾吕雅合作出版《神仙的烦恼》和《重复》。
1924 年	与艾吕雅在中南半岛短暂旅行后返回巴黎，并与超现实主义组织合作。
1925 年	发明擦印画技法，并参加第一届超现实主义团体展览。
1926 年	出版《自然史》画册。
1927 年	与玛丽-伯斯·奥伦奇结婚。
1929 年	出版他的第一部拼贴小说《女人一百头》。
1930 年	出演路易斯·布努埃尔执导的电影《黄金年代》。
1934 年	和阿尔贝托·贾科梅蒂一起在瑞士度过夏天，并创作了他的第一件严肃的雕塑作品。
1937 年	他的一系列作品被艺术杂志《艺术手记》刊发，其中包括《超越绘画》(*Beyond Painting*)。
1938 年	因安德烈·布勒东抵制艾吕雅的号召而脱离超现实主义团体，和利奥诺拉·卡林顿一起搬到圣马丹达尔代克。
1939 年	战争爆发后被当作敌国人士关押起来，其间他将转印法运用在油画中；随后获释却又在 1940 年被重新关押，之后成功逃脱，不久最终被当局释放。
1941 年	经由西班牙前往纽约，于 1941 年 7 月 14 日抵达；与佩姬·古根海姆结婚。
1946—1952 年	与多罗西娅·坦宁居住在亚利桑那州。
1949 年	返回到巴黎。
1953 年	25 年后首次回到科隆。
1954 年	获得威尼斯双年展绘画大奖。
1955 年	因威尼斯双年展与布勒东决裂；定居在于伊斯梅（卢瓦尔省）。
1958 年	获得法国国籍。
1964 年	迁至塞朗；出版著作《马克西米利安那》。
1976 年 4 月 1 日	恩斯特逝世。

部分参考文献

专 著

Aragon, Louis, 'La Peinture au défi', preface to the catalogue for the exhibition of collages at the Galerie Goemans, Paris, March 1930

Ernst, Max, *Ecritures*, Paris, 1971

Gee, Malcolm, *Ernst, Pietà or Revolution by Night*, London, 1986

Hinton, Geoffrey, 'Max Ernst: *Les Hommes n'en Sauront Rien*', *The Burlington Magazine*, vol. cxvii, no.866 (May 1875), pp. 2934

Hopkins, David, 'Max Ernst's *La Toilette de la mariée*', *The Burlington Magazine*, vol. cxxxiii, no.1057 (April 1991), pp. 23744

Legge, Elizabeth M., *Max Ernst. The Psychoanalytic Sources*, Ann Arbor, London, 1989

Motherwell, Robert, ed., *Max Ernst: Beyond Painting, and Other Writings by the Artist and his Friends*, New York, 1948

Rainwater, Robert, ed., *Max Ernst: Beyond Surrealism, a Retrospective of the Artist's Books and Prints*, New York and Oxford, 1986

Russell, John, *Max Ernst: Life and Work*, New York, 1967

Schneede, Uwe M., *The Essential Max Ernst*, London, 1972

Spies, Werner, *Max Ernst Collages. The Invention of the Surrealist Universe*, trans. John William Gabriel, London, 1991

Spies, Werner, *Max Ernst. Loplop. The Artist's Other Self*, London, 1983

Spies, Werner, *Max Ernst: Oeuvre-Katalog*, 5 vols., Houston and Cologne, 1979

Stokes, Charlotte, 'The Scientific Method of Max Ernst: his Use of Scientific Subjects from *La Nature*', *The Art Bulletin*, vol. lxii, no.3 (September 1980), pp.45365

Waldberg, Patrick, *Max Ernst*, JeanJacques Pauvert, Paris, 1958

展览图录

Max Ernst: Inside the Sight, Houston, 1973

Max Ernst. A Retrospective, catalogue of an exhibition at the Solomon R Guggenheim Museum, 1975

Max Ernst Retrospektive, catalogue of an exhibition held at the Haus der Kunst, Munich, 1979

Max Ernst. The Sculpture, catalogue of an exhibition at the Fruitmarket Gallery, 1990

Max Ernst. A Retrospective, catalogue of an exhibition at the Tate Gallery, London, 1991

插图列表

彩色图版

21. 视界内部：蛋
    1929 年；布面油画；98.5cm×79.4cm；
    私人收藏

22. 雪花
    1929 年；布面油画；130cm×130cm；
    私人收藏，比利时

23. 邮递员薛瓦勒
    1929—1930 年；拼贴画；64cm×48cm；
    所罗门·R.古根海姆博物馆，纽约

24. 部落
    1927 年；布面油画；115cm×146cm；
    市立博物馆，阿姆斯特丹

25. 大森林
    1927 年；布面油画；114cm×146cm；
    艺术博物馆，巴塞尔

26. 在森林边缘
    1927 年；布面油画；38cm×46cm；
    市政艺术馆，波恩

27. 爱的一夜
    1927 年；布面油画；162cm×130cm；
    私人收藏，巴黎

28. 盲泳者：接触
    1934 年；布面油画；93cm×77cm；
    朱利恩·利维夫妇收藏

29. 洛普洛普
    1931 年；拼贴画和铅笔画；64.5cm×50cm；
    私人收藏，伦敦

30. 花园中的飞机陷阱
    1935 年；布面油画；54cm×73.7cm；
    乔治·蓬皮杜中心，国立现代艺术博物馆，
    巴黎

31. 整座城
    1935—1936 年；布面油画；60cm×81cm；
    苏黎世美术馆，苏黎世

32. 生命之乐
    1936—1937 年；布面油画；60cm×73cm；
    国立现代艺术馆，慕尼黑

33. 家园天使
    1937 年；布面油画；114cm×146cm；
    私人收藏，巴黎

34. 新娘的长袍
    1939 年；布面油画；130cm×96cm；
    佩姬·古根海姆收藏，威尼斯

35. 荒野中的拿破仑
    1941 年；布面油画；46.3cm×38.1cm；
    现代艺术博物馆，纽约

36. 雨后的欧洲 II
    1940—1942 年；布面油画；55cm×148cm；
    沃兹沃思美术馆，康涅狄格州哈特福德

37. 天籁之音
    1943 年；布面油画；152cm×203cm；
    阿奎维拉画廊，纽约

38. 草地上的早餐
    1944 年；布面油画；68cm×150cm；
    私人收藏，纽约

39. 圣安东尼的诱惑
    1945 年；布面油画；108cm×128cm；
    威廉·莱姆布鲁克博物馆，杜伊斯堡

40. 他没看见，他看见了
    1947 年；布面油画；76cm×76cm；
    私人收藏

41. 与王后下棋的国王
    1944 年；青铜塑；高 97.9cm；
    现代艺术博物馆，纽约，由 D.梅尼尔和 J.梅
    尼尔捐赠

42. 着迷于非欧几里得苍蝇的年轻人
    1942—1947 年；布面油画和清漆画；
    82cm×66cm；
    私人收藏，瑞士

43. 在我之后，睡去
    1958 年；布面油画；130cm×89cm；
    乔治·蓬皮杜中心，国立现代艺术博物馆，
    巴黎

文中插图

对比插图

17. 这里的一切都还在飘浮
1920 年；粘贴照片的雕版画和铅笔画；
10.5cm × 12.4cm；
现代艺术博物馆，纽约

18. 弗朗西斯·毕卡比亚：没有名字的机器
1915 年；120.6 × 66cm；
水粉画和油彩硬纸板画；
卡内基基金会，匹兹堡

19. 分层岩石……
1920 年；水粉拼贴画；15.2cm × 20.6cm；
现代艺术博物馆，纽约

20.《人们对此一无所知》
画作背面题词；
泰特美术馆，伦敦

21. 自然史
1923 年；布面油画；232cm × 354cm；
私人收藏，巴黎

22. 勒内·马格利特：词语的使用
1928 年；布面油画；54.5cm × 73cm；
鲁道夫·茨维尔纳画廊，科隆

23. 弗朗西斯·毕卡比亚：MI
1929 年；纸板水粉画；
160cm × 96cm；
下落不明

24. 逃亡者
1925 年；黑色铅笔画；26.5cm × 42.8cm；
现代艺术博物馆，斯德哥尔摩

25. 勒内·马格利特：愉快
1926 年；布面油画；74cm × 98cm；
北莱茵-威斯特伐利亚艺术馆，杜塞尔多夫

26. 安德烈·布勒东：骑士
1926—1927 年；
采用了沙子和石膏的铅笔画和木炭画；
私人收藏

27. 向一个年轻女孩展示她父亲的头
1926 年；布面油画；65.5cm × 81.5cm；
私人收藏

28. 莱昂纳多·达·芬奇：圣母、圣婴和圣安妮
1510—1512 年；木板油画；
170cm × 129cm；
卢浮宫，巴黎

29. 亨利·卢梭：丛林：老虎攻击野牛
1908 年；布面油画；
172cm × 191.5cm；
艺术博物馆，克利夫兰

30. 萨尔瓦多·达利：熟豆的软结构，内战的预兆
1936 年；布面油画；99cm × 99cm；
费城艺术博物馆，路易丝和沃尔特·阿伦斯
伯格夫妇收藏

31. 雨后的欧洲 I
1933 年；有石膏的木板油画；
100cm × 148cm；
卡萝拉·吉迪翁·韦尔克收藏，苏黎世

32. 欧几里得
1945 年；布面油画；64cm × 59cm；
梅尼尔基金会收藏，休斯敦

33.《马克西米利安那》中的插画
1964 年；
原拼贴画现存于汉堡艺术与工艺美术馆

彩色图版

1

花与鱼

Flowers and Fish

1916 年；布面油画；72.6cm×61cm；私人收藏

  这幅早期作品表明恩斯特曾有选择地对诸多画派风格进行了借鉴，从立体主义（特别是罗伯特·德劳内的作品）的着色，到未来主义元素的鲜活性，并基于弗朗茨·马克和奥古斯特·马克（恩斯特的朋友）的作品进行了调和。然而，即使是在这么早期的时候，就已出现了若干明显贯穿——至少是间歇性地——他整个职业生涯的主题。对于这幅画的题材来说，尤为如此：虽然这幅静物画前景中展示了一张立体主义风格的桌子，甚至还有室内建筑结构的迹象，但同时画面又暗示这是一个水下场景，栩栩如生地展现了动物与植物。鱼的出现是一个预兆，因为这一意象后来成了超现实主义象征手法中的重要部分。在恩斯特毕生多样的作品当中，这样的主题贯穿始终，这是非同寻常的，也表明恩斯特在第一次世界大战之后明确地拒绝了表现主义和其他更直接的先锋艺术实践。然而，某些绘画特征还是被恩斯特保留了下来，并在达达主义和超现实主义中接受改造，重获新生。1917年，恩斯特在《风暴》（*Der Sturm*）杂志的一篇文章中描述了色彩以及色彩间类似"婚姻"的神秘关联："蓝色和黄色是所有或明或暗的彩色调中第一组对立色，就像宇宙的浩瀚与地球的渺小……"这种对立也一直存在于恩斯特的创作当中，虽然曾遭到强烈的讽刺，但后来还是被恩斯特严肃地采用。

2

波动的凯瑟琳
Undulating Katherine

1920 年；拼贴画和水粉画；30cm×25cm; 私人收藏，伦敦

恩斯特早期的名气不是来自油画，而是来自拼贴画。他的创作材料来源多样，尤其是那些取材于旧期刊和订购图册的物象。关于科幻类图册所包含的"幻觉"图像，他写道："……在插图中添加一种颜色、一条线和一幅与所绘物体毫不相干的风景——一片沙漠、一片天空、一截地质横断面、一块地板和一条笔直的水平线——这些都可以表示地平线之类的元素。这些添加物不过是对我内心所见的忠实复制，诚实地记载了我幻觉中的固定画面。这些素材将广告似的普通页面幻化为一个个梦境，揭示出我最隐秘的欲望。"

然而，拼贴画可能有着许多不同的意味。许多这类拼贴画实际上并没有经过剪切和粘贴，而属于"被发现"的图像，只是由恩斯特复绘出来而已。这幅拼贴画的基础材质是一块自带图案的墙纸，恩斯特在上面不断重复涂绘，而在画面底部则保留了一部分具有略微不同图案的区域。在这件作品中，有机体和机械元素组合成一个带有明显暗示的混合体。围绕着两个圆而构建的意象则由飘浮的齿轮和下方静脉状的、肉质的、张开的生物体所组成。在此，恩斯特充分利用了画面元素，创造出一个摇摇欲坠、暂时存在的物体与生物的混合体，其中一部分还埋藏在地质景观的横断面中。

在作品《这里的一切都还在飘浮》(*Here Everthing is Still Floating*，图 17) 中，用人体内脏器官建造而成的轮船和一条鱼一起飘浮在天空之中。恩斯特在这幅作品中运用的摄影剪贴技术充分展示了他当时创作手法的多元性。这幅作品的创作意图也颇有特点——不是为了绘制一个荒诞的图形，而是为了打造一个绝佳的梦幻情境。

图 17
这里的一切都还在飘浮

1920 年；
粘贴照片的雕版画和铅笔画；
10.5cm × 12.4cm
现代艺术博物馆，纽约

3

水文装置演示
Hydrometric Demonstration

1920 年；拼贴画和水粉画；24cm×17cm，雅克·特朗什画廊，巴黎

图 18

**弗朗西斯·毕卡比亚：
没有名字的机器**

1915 年；
120.6cm×66cm；
水粉画和油彩硬纸板画；
卡内基基金会，匹兹堡

这幅画是在 1921 年"无与伦比"画廊的展览上引起轰动的作品之一。虽然拼贴画被立体主义艺术家大量使用，但恩斯特的拼贴技巧却带来了不同的效果。后来安德烈·布勒东在《超现实主义和绘画》（*Surrealism and Painting*）一书中写道，恩斯特已经创造出"不可还原的迷宫碎片……设计了一场造物的拼图游戏"。恩斯特将拼贴元素组合在一起并不是为了展示一个整体——这个整体戏玩了关于再现的重要议题，相反，各个元素都保持了自己的独立性，布勒东称之为"相对独立的存在"，其中对题材的选取非常重要。创作素材被强制性地从原来的场景中分离出来，以寻求新的语境。不过，这个过程并没有"暴力地"破坏元素本身。我们应该注意到，对布勒东来说，这个拼图游戏是不可还原的，它的解决方案永远是难以捉摸的。

布勒东提出，如果有时创作出的作品具有"威胁性"，这也是预料之中的，因为"我们应该对世间万物感到惊奇，这是最自然不过的……"。这件作品的完整标题是《温度之杀戮的水文装置演示》（*Hydrometric Demonstration of Killing by Temperature*），它的主题显然与第一次世界大战有关，特别与战争期间人们大肆研制屠戮技术有关。恩斯特运用科学装置和医疗设备的插图，加之以德·基里科式的夸张视角，从而在客观上赋予了作品一种威胁的意味。大战结束后，人们开始进行全面反思，尤其是对战争中毒气的使用和对城市的首次空袭——日新月异的新式武器可以迅速终结地球上的所有生命。当时，诸如布莱斯·桑德拉尔（Blaise Cendrars）和乔治·克列孟梭（Georges Clemenceau）等形形色色的作家都表达了这样的观点。《水文装置演示》展现了对于在实验室中制造更为致命的秘密武器的偏执，画面中复杂的杀戮程序和丈量装置都被部署在一个封闭的空间内。在战争期间，用于杀戮的技术性和逻辑性手段造成了疯狂而混乱的后果，而这也成为达达主义反对理性的一个根本性原因。我们可以很明显地看出，弗朗西斯·毕卡比亚的许多作品（图 18）与恩斯特的作品颇有异曲同工之妙。

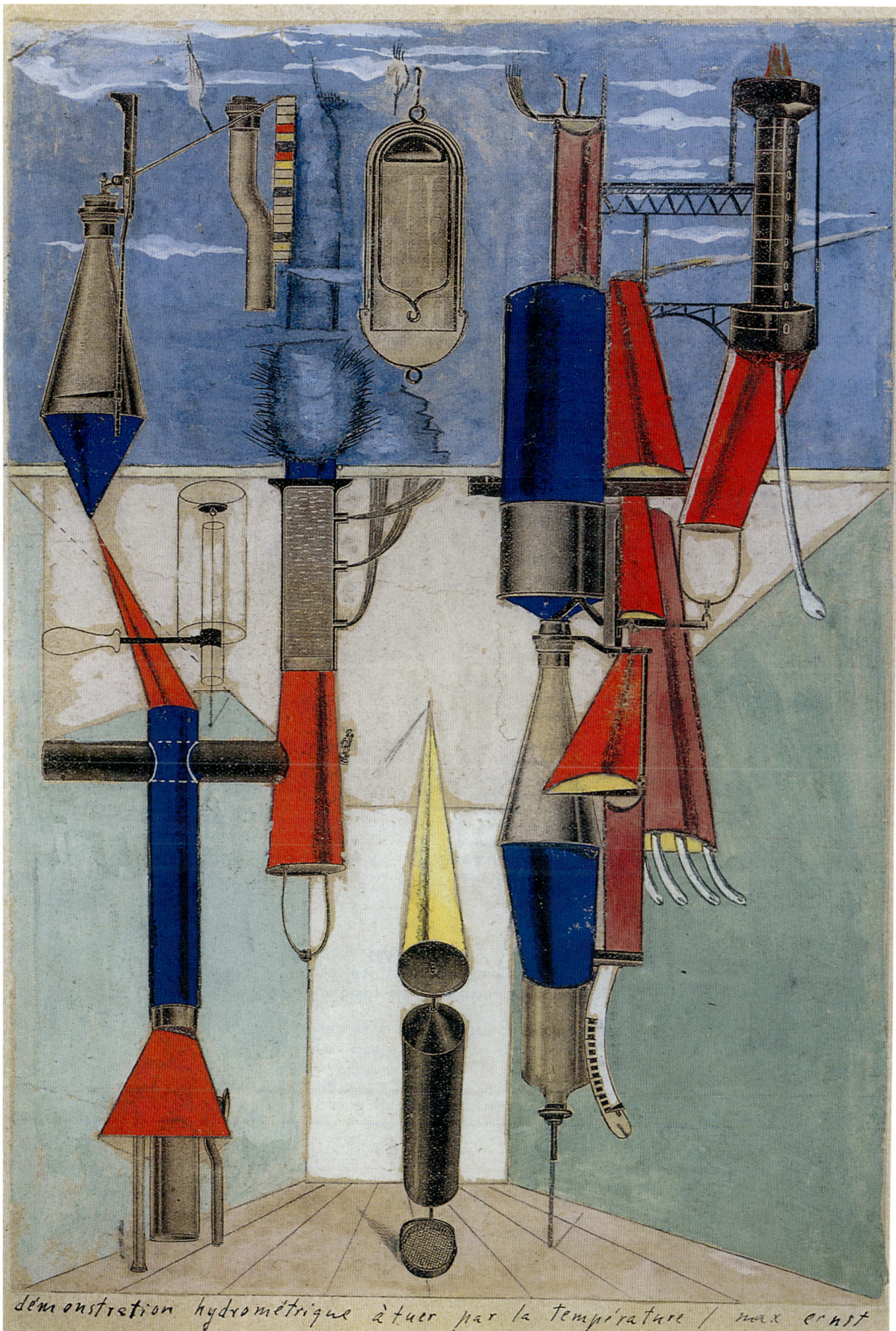

démonstration hydrométrique à tuer par la température / max ernst

4 人以帽为装
The Hat Makes the Man

1920 年；拼贴画和水彩画；35.6cm×45.7cm；现代艺术博物馆，纽约

　　这幅画展示的是截取自订购图册的一连串帽子，这些帽子以彩色条带相连，塑造出若干摇摇欲坠的"帽子人"形象。其中大多数帽子都基本保留了图册上的原样：首先通过复绘使它们彼此隔离，然后再用彩色条带将它们连接起来。画面左手边的"人物形象"有所不同，因为它全部由帽子剪裁拼贴构成，其中一些帽子还是倒置的。在介绍"无与伦比"画廊展出的恩斯特作品的文章中，布勒东写道："在不背离人类经验的情况下，将两个截然不同的现实聚合在一起并碰撞出火花……是令人惊叹的作画技巧。"达达主义作品将反差巨大的意象组合在一起并使之产生联系，其目的是点燃启示性的火花，这幅拼贴画清晰地阐释了这种方法。布勒东指出，恩斯特的拼贴技法是将元素随机地组合在一起，而如果要在现实场景中挖掘出这些组合却几乎是不可能的，不过这能够证明其抒情性的强大力量。他指出，《圣母怜子图（夜间革命）》（彩色图版 8）和《被夜莺威胁的两个孩子》（彩色图版 14）这两幅画就是很好的例子。尽管布勒东持有这样的观点，但是这些作品的很多内容无疑并非诞生于偶然，拼贴画的效果也并非仅仅源自艺术家的有意识操控，毕竟艺术家只是在对现成的素材进行处理。

　　在这一时期，达达主义者们普遍认为现代西方人就像成品提线木偶人一样，受到商业力量的操纵，文化产业也未能幸免，和消费主义如出一辙。1921 年，安德烈·纪德（André Gide）把莫里斯·巴雷斯（Maurice Barrés，法国右翼宣传家）的思想比作制作帽子的机器。纪德写道，被投喂进这台机器的任何材料都会变成一顶帽子，包括将来会成为有用之材的孩子们。帽子除了象征着社会地位和性（依据弗洛伊德的理论），在这里还被用于影射现代人是生产出的成品。尽管维尔纳·斯皮斯（Werner Spies）将《人以帽为装》中的"stapelmensch"这一复合词与"争做人上人"恰当地联系了起来，这些拼贴画里的单词与图像之间的关联还是很不明晰。在恩斯特的艺术创作中，运用文字是非常重要的一环，无论是作品标题还是补充的文字说明，都被看作是作品的一部分。在这幅画中，无意义的德语组合单词以精简的目录风格被纳入其中，看起来就像图画的说明一样。作家路易·阿拉贡（Louis Aragon）指出，恩斯特作品中的标题具有诗歌的深度，而诗歌是达达主义最为典型的工具。在处理机器意象上，我们已经发现恩斯特与毕卡比亚具有相似之处，而他们在作品中对文字的使用也有相同点。在两人的作品中，文字和图像的联系令人费解的程度可能要远超启示性，因为画中的文字经常与主题相冲突或者仅有拐弯抹角的相关性。恩斯特的拼贴画曾被拿来与象征主义者的"言语联想"进行比较，因为前者是一种视觉模拟物。有时，标题中单词是拼贴而成，比如在"Phallustrade"这个词中，单个单词将两幅图像组合起来的方式与拼贴画将视觉材料组合起来的方式一模一样。

max ernst

bedecktsamiger stapel-
mensch, nacktsamiger wasserformer
(adelformer) kleidsame nervatur
auch
! umpressnerven !
(c'est le chapeau qui fait l'homme)
(le style c'est le tailleur)

5

这匹马，他病了
The Horse, He's Sick

1920 年；拼贴画、铅笔画、钢笔画和墨水画；14.5cm×21.6cm；
现代艺术博物馆，纽约

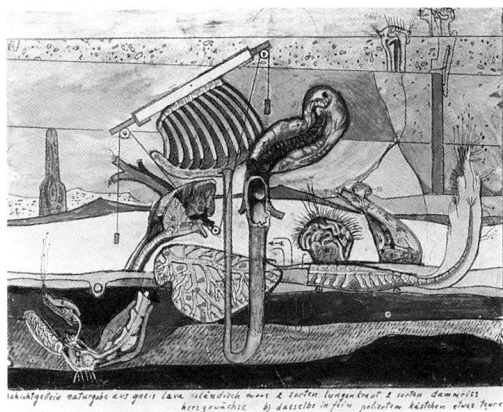

图 19

分层岩石……

1920 年；
水粉拼贴画；
15.2cm × 20.6cm；
现代艺术博物馆，纽约

这幅拼贴画是一系列类似主题的作品之一。它的另一个拼贴画版本创作于 1920 年，后来还有一个拓印画版本和一个油画版本。创作于 1920 年的那幅作品在色彩上更加鲜艳，对草地和天空的描绘更清晰。在两个版本中，马鼻子下方的"花"实际上都是马的前蹄，这一意象重复出现并被颠倒放置。后来，恩斯特将拼贴画描述为一种"纯粹的行为"，就像爱情一样。他把外观上不可调和的两种现实组合起来，放置在一个显然与它们不相称的平面上。在这幅画中，机械体和有机物被组合成一个令人十分困扰的混合物，整个图像呈现出肉体腐烂与人格物化的迹象。

在《分层的岩石——自然的馈赠：史前熔岩，冰原苔藓，两类狸藻和两种人体会阴、大坝裂缝与心脏组成的植物》[*Stratified Rock gift of nature composed of gneiss lava Iceland moss 2 varieties of bladderwort 2 varities of perineal damcrack cardiac vegetation (b) the same in polished casket more expensive*，图 19] 中，我们可以看到地质景观背景上各种形态的有机结合。这些形态几近合并为一个生物，但还差了那么一点，而作品力图表现一个由矿物元素、机械元件和有机元素构成的令人困惑的物体。这些图像犹如工程图，不仅包含横截面，而且对画面的各部分进行了严格的划分。这两幅画中的混合物经常伪装成不同的意象出现在恩斯特的作品中，让人不禁想起科幻小说中那些丑恶的实验。这两幅画作都可能与当时文学界的某些作品有关，特别是 H.G. 威尔斯（H.G. Wells）的小说《莫罗博士的岛》（*The Island of Doctor Moreau*）。莫罗博士通过切割和缝合不相匹配的躯体各部分，创造出了人兽杂交体。恩斯特这些令人头皮发麻的拼贴画几乎是莫罗博士所作所为的直观写照。达达主义一直推崇用文化来揭露战争，但在这些画作中，恩斯特以一种惊悚的拼装方式（bricolage），模拟了战争中分裂破碎又形似机械的人体器官。

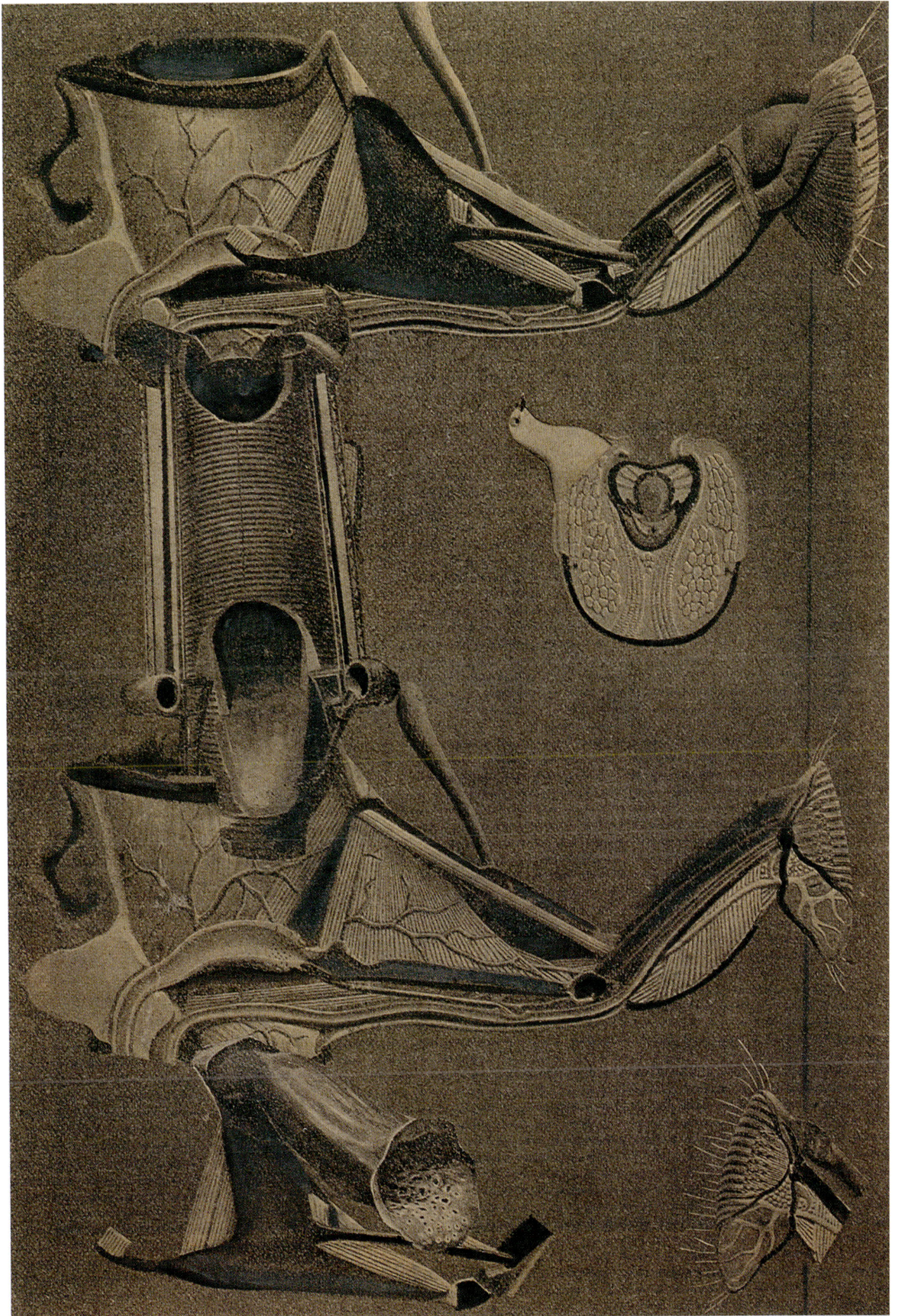

6

无辜者的大屠杀
The Massacre of the Innocents

1920 年；水粉画和照片拼贴画；21cm×29.2cm；E.A. 伯格曼收藏，芝加哥

　　恩斯特的一些作品直接指涉了现代战争，尤其是这幅画。画面被设置在一个非理性的空间内，包含了精神和肉体双重失调的刺激、凝练聚合的元素（牢笼的柱子也是铁轨枕木）、空中的飞行物和颠倒的城市。这类作品创作于第一次世界大战结束后不久，但像这种对某一特定事件的明确指涉在恩斯特的作品中并不常见，而这幅画描绘的就是对城市的空袭。

　　恩斯特希望拼贴画在外观上看起来是无缝的，并力图营造出带几分统一感的幻觉，其中不合理的尺寸、错乱的定向和多样主题的反差所带来的颠覆性效果也发挥了作用。正在奔跑的人形是印刷并手工上色的，而铁轨则由侧立的威尼斯式建筑正立面照片拼贴而成，它们也犹如遇难者一般。

　　恩斯特使用了旧插图中的材料并充分利用它们的特点——稍稍过时或散发着霉味，而这些都是他作品中不可或缺的组成部分。这一特点不仅体现在题材方面，也反映在拼贴画甚至某些油画的风格上，后者展现的是摇摇欲坠的奇怪情境。根据路易·阿拉贡的说法，恩斯特的复古倾向实际是一种通过回溯过去继而展望未来的方式。后来沃尔特·本杰明（Walter Benjamin）对超现实主义做出了如下描述："这场运动，使得人们第一次感受到'过时'事物中的革新能量，这种能量存在于第一批铁筑结构、第一片厂房建筑和最早的摄影照片中，也存在于濒临消亡的事物中——画室中的三角钢琴、五年前的衣服和曾经风靡一时现在却无人问津的聚会场所。"恩斯特一直在运用这种素材进行创作，纯粹因为这种材料对观众来说略显陌生，也不受商业价值和实用功能的影响。

7

西里伯斯岛
Celebes

1921年；布面油画；125cm×107cm；泰特美术馆，伦敦

　　《西里伯斯岛》是一组涂绘的建筑物拼贴画之一。画中的元素是从别处搜寻而来的，在加以操纵后，部分元素还能识别出其来源。这些涂绘的"拼贴画"透露出一种精准而多少有些无趣的绘画技巧，而恩斯特用油彩来画"拼贴画"肯定不是完全出自美学考量。相较于粘贴式拼贴，用笔描绘确实更胜一筹：意象间的接点不需要隐藏，元素的尺寸比例可以调整，风格可以转变，成品的整体尺寸也可以相应地增大。此外，观众可以明显感受到这些作品的构造犹如拼图游戏，其中互不关联的意象彼此对峙。我们会觉得，画面中的各个组成部件是明显分离的，而对于恩斯特最早的画作，我们绝不会有同样的感觉。

　　仔细审视画面中各个不同的元素，观众便会猜测其中的指代含义："大象"自身的金属外壳、大象背上的建筑物（像极了德·基里科作品中的形象）、石膏质感的无头女性形象、大象左边的旗杆、飞翔在天空中的鱼以及一抹烟雾。这幅画中海洋似的天空是海市蜃楼和幻象错觉中的常见景象，经常被恩斯特用在作品之中，也经常被整个超现实主义绘画流派所运用。披甲戴盔的机械大象则可以与恩斯特整个作品集中其他有机组织与机械的组合体联系起来。象鼻上的防毒面具将观众重新带回战争的氛围当中，而整个机器可以被看作坦克。在这种情形下，象鼻就变成了柔韧的有机组织武器。天空中烟雾飘过留下的痕迹是另一个指涉战争的意象，画面右侧的机械圆柱可能也是，这与《人以帽为装》（彩色图版4）中那个用帽子堆砌出来的人形颇为类似。

　　就这样，恩斯特创造了一个画谜游戏，其中一些熟悉的元素参考了特定画家的作品、他自己的作品、过往艺术史和最近发生的事件。尽管一旦我们开始解读，也许就可以解开这个谜题，就像我们看出恩斯特指涉了战争一样，但是，对整幅画前后一致的解读尝试却大都以失败告终。恩斯特刻意让其他意象保有神秘感。"西里伯斯"这个词可能来自恩斯特学生时代一首低俗的歌曲——在创作之时，这当然是一个私人化的注脚。

圣母怜子图（夜间革命）

Pietà, or Revolution by Night

1923 年；布面油画；116cm×89cm；私人收藏，都灵

　　这幅画通常被解读为一个精神分析的智力游戏，其中那个头部为石像的人物被认为是恩斯特本人，而抱着他、留胡子的人是他的父亲。恩斯特改变了"圣母怜子"的主题，让生出基督形象的人是父亲，而不是母亲。这些解读参考了诸多自传和艺术史的文献：据恩斯特记录，他的父亲作为一名业余画家，曾把他画成婴儿耶稣的形象；另一段文字则提到了父亲的胡子。恩斯特与石像之间确有一些模糊的相似之处，同样，德·基里科的名作《孩子的大脑》（The Child's Brain）中那个父亲形象和这个长着小胡子的男人也有几分类似。如果这些解读被大众所接受，那么就可以说恩斯特似乎刻意让自己在作品中扮演了疯子的角色。石像的紧张表情和精神病人的白色病服与着装传统的父亲所代表的中产阶级秩序形成鲜明对比，同时，这一场景还蕴含了常见的俄狄浦斯情结和对阉割的恐惧。诚然，在 1927 年之后所著的文章中，恩斯特为自己打造出一部神秘的心理传记，这个传记故事吸收了经典的恋母情结的内容，并试图以此来解释其作品中的元素，而这一情结的由来便是他曾目睹或幻想过父母之间的一次性行为。在艺术家做出这些模糊的"解释"之前，这幅画受重视的程度有所不同。那些和画家本人关系非常亲近的人（安德烈·布勒东和艾吕雅）从一开始就知道这些故事，但这并不是重点。我们应当将这部神秘的心理自传看作是一件人造艺术品，其中的每个部分都像《圣母怜子图（夜间革命）》这幅画本身一样，是件艺术品。所以，寄希望于通过这件艺术作品去解读另一件事是愚蠢的。

　　由于无法解释作品的每一个特征，这样的解读也会带来新的难题。有人曾指出，画家在创作这幅画中的三个人物时，同时运用了雕塑、绘画和白描的技巧，这就等于立刻在画作的精神分析结构上又添加了一层，而这两部分之间的关系迷雾重重。无论如何，蓄着胡须的第三人都是一个谜。有些人认为他是在战争中受伤的诗人纪尧姆·阿波利奈尔（Guillaume Apollinaire）的幽灵——但他为什么会出现在这里？另一些人则认为，这个第三人与西格蒙德·弗洛伊德相似——但为什么弗洛伊德的头会被绷带包扎起来？还有人把这个人再次解读为指代了其父亲，但这也很难成立。同时，关于胡须是否暗示着父亲形象，也难下定论。

　　画作的副标题"夜间革命"指代着做梦，指代着超现实主义者在物质和精神上的双重革命。当然，反抗大家长式的父权和理性本身被超现实主义者拿来与政治变革的理想主义相提并论。或许我们应当把其中的矛盾和歧义，看作恩斯特获取那些更深刻却又非理性的洞见的一种方式。

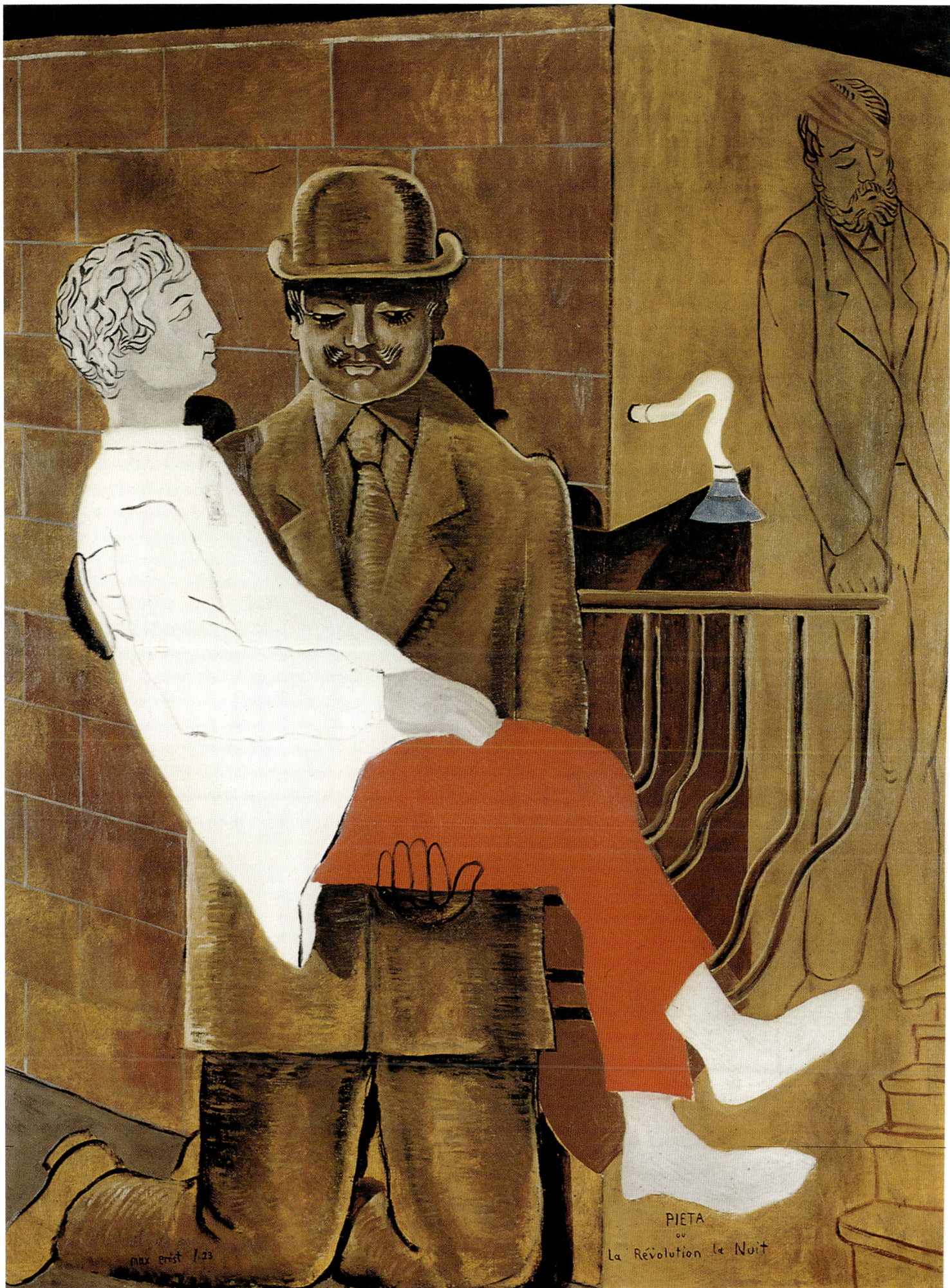

PIETA
ou
La Révolution le Nuit

9 俄狄浦斯王

Oedipus Rex

1922 年；布面油画；93cm×102cm；私人收藏，巴黎

在恩斯特的作品中，各种拼贴元素的并置效果常常让人觉得就像在阅读缺少连词的句子——观者会自然而然地去尝试填补空白，但结果往往不尽如人意。在《俄狄浦斯王》中，拼贴要素的安排依照清晰的线索，作品本身仿佛变身成了《俄狄浦斯王》神话中斯芬克斯这个角色：它给出一个谜语，以画谜的形式呈现出来。奇怪的画面和位置的错置暗示了一个人们不愿意接受的真相，而这一真相又被难以理解的特点所掩盖。在自动主义写作中，"着魔"状态只是为了故意制造语言"短路"的效果，以此在完全无关的概念之间建立起神奇的联系。尽管这些概念没有"自动性"，但是其创作目的与恩斯特在拼贴画中所追求的相类似。

在恩斯特为保罗·艾吕雅的《重复》(*Répétitions*) 一书画的那些插图中，有一幅画也十分相似，只不过在那张画中，核桃被一只眼睛取代。在这幅画中，手里的那件仪器更易被看作给鸟类爪子作标记的机器。这一切，和标题一道将我们带入俄狄浦斯的传说当中：俄狄浦斯由于身体残疾而遭父母遗弃，后来又为自己背叛家庭的行为悔恨不已，弄瞎了自己的眼睛。俄狄浦斯也是唯一能够解答斯芬克斯谜语的凡人，所以恩斯特对每一个观众都寄予了微小的期望，期待有一天观众也能解开这个画谜。这个神话传说对弗洛伊德至关重要，不仅是由于俄狄浦斯对待其双亲的行为，还因为精神分析学就是要解答神经症状所带来的"谜题"。在弗洛伊德的著作中，失明象征着被阉割，而核桃是子宫的一种古老象征。被刺穿的手指和被一支箭射穿的核桃的象征意义不止一种。这一聚合体具有明显的佐证，譬如核桃后面的手指形似女人的乳房。

更普遍地说，行动的限制是这幅画的一个主题：从墙洞里穿出来的手（已经被装置刺穿，也无法收回），鸟头从地板里探出且被栅栏围住，还有牛角上绑的不明物体飘浮在视线之外的天空中。一个远处悬空的热气球隐喻了极度自由的移动，让人感觉这个未解的画谜是个陷阱。

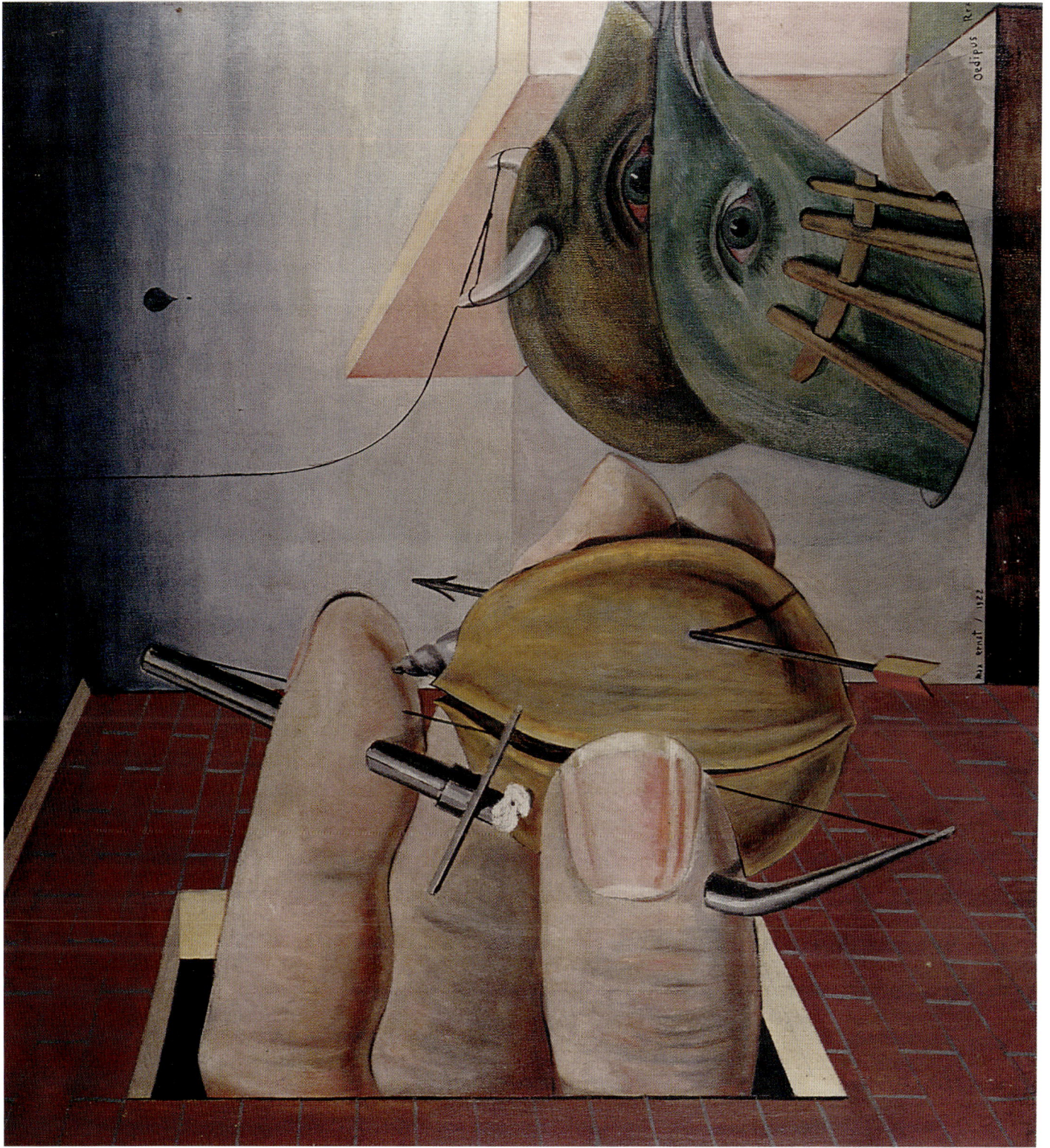

女人、老人和花

Woman, Old Man and Flower

1923—1924 年；布面油画；97cm×130cm；现代艺术博物馆，纽约

      这件作品常常被当作精神分析学的解读对象，并通常基于该作品一个较早的版本（其中，恩斯特运用了大量复绘手法）。画面左边怀抱裸体女人的形象可以被认为是一位父亲。伊丽莎白·莱格(Elizabeth Legge)曾提出不同意见，认为这一形象也许和弗洛伊德著作中的"狼人"有关——在个案研究中那个角色似乎是狮子和狼的杂交体。这就好像作品本身具有一段精神分析的历史，而我们很幸运地能够解读它，其中人物的身份也一直贯穿到最后一版作品中。然而，恩斯特在这幅画中使用了其他的架构而非精神分析，因为花状塑像模糊的性意味可以与炼金术中雌雄同体的概念联系起来，进而扩展到与统一对立面有关。这一题材不仅让恩斯特着迷，也吸引着达达主义和超现实主义旗下的其他艺术家与作家们。超现实主义思想的核心便是那个"超越"的领域，在部分源自德国哲学家黑格尔（Hegel）的理论架构中，从辩证的角度上讲，所有矛盾两方（工具理性的产物）的对立终将消融。布勒东在 1929 年《超现实主义第二宣言》(*Second Manifesto of Surrealism*) 中写道："每一件事情都指引我们去相信人的意识中有一个特定的点，在那里生命与死亡、现实与虚构、过去与未来、能交流的与无法沟通的、高贵与低贱都不再是矛盾的存在。"弗洛伊德也赞同这样的观点，他曾写道："在性的领域，最高级和最低级总是最接近的——'来自天堂，穿过世间，走向地狱'。"当事物达到一个极限后又折回，以求与其对立面进行接触，这种方式与超现实主义者暗喻和拼贴手法中的"短路法"完全相似。对立面的交汇点通常与第四维度联系在一起——这是个精神领域，美学也许隐匿其中，尽管这些美学元素独立于艺术的机制，但却至关重要。在那里，逻辑已经失效，矛盾已被容纳。

11 摇摇欲坠的女人
The Teetering Woman

1923 年；布面油画；130cm×97cm；北莱茵－威斯特伐利亚艺术馆，杜塞尔多夫

在这幅画中，女人和机械的关系基本上是模糊的。被机械围住的她是在围困中忍受折磨，还是她是机器的操纵者和引领者呢？女人的双眼被一根管子所蒙蔽，所以"失明"是这幅画作的另一个主题。不管她被放置或倾斜的角度如何，也不考虑她向上飘扬的头发，她的姿势透露出静止的感觉，暗示她正在梦游。将该活动解读为正在受刑，也就意味着这幅画与其他类似作品是一脉相承的，如在《骨胶的制备》（*Preparation of Glue from Bones*，图 16）中，一个女人被管子组成的衣服重重包裹，躺在沙发上，身上的管子连接着各种不同的仪器。一个巨大的改锥头虎视眈眈地指向她。恩斯特的其他作品也折射出雷蒙·鲁塞尔（Raymond Roussel）的写作内容，特别是《体育运动》。通过重新将 19 世纪的医学插图运用到拼贴画中，恩斯特得以时常涉及一个被经常讨论的问题，即医疗和酷刑之间的关联。然而，在《摇摇欲坠的女人》中，恩斯特并没有给出很多线索来帮助观众区分画面场景的两种可能性（是医疗，还是酷刑？），恩斯特的此类作品的特点之一就是缺乏作者说明，因而不同于情感充沛的表现主义。他的处理手法始终保持中性，传递出一种超然的科学氛围。

背景中遥远的水景以及柱子或烟囱状的意象都折射出德·基里科作品的影子。这幅画中元素的来源可以追溯到 19 世纪的一本法国杂志：画中女人的原型是一位头朝下悬空坠挂的杂技演员（所以头发是直立的），而恩斯特将这一形象倒置——这是他常用的策略之一。画面中的机器实际上是一个用于在水面喷油的装置，恩斯特却将喷油的软管变成坚实的铁栅栏。随之而来的疑问便是，这些销声匿迹的原始素材能对作品的解读提供多少有效信息？由于这些素材和最终画面之间的巨大分裂，知晓这些素材的来源甚至还会让人在欣赏这谜一般的作品时分心，然而将这些素材的象征性作为解读作品的依据也是不可取的。

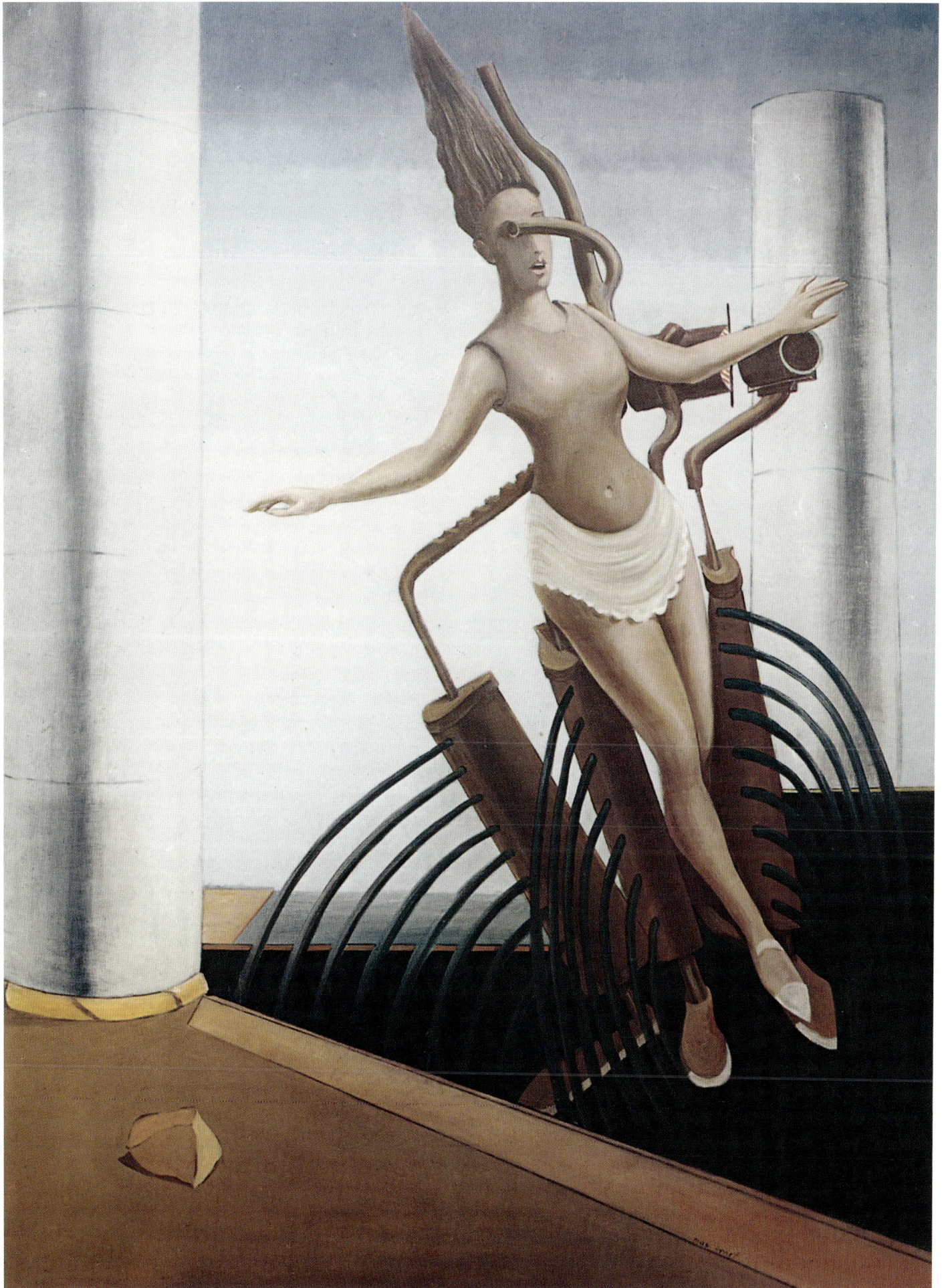

12

人们对此一无所知
Men Shall Know Nothing of This

1923 年；布面油画；80cm×64cm；泰特美术馆，伦敦

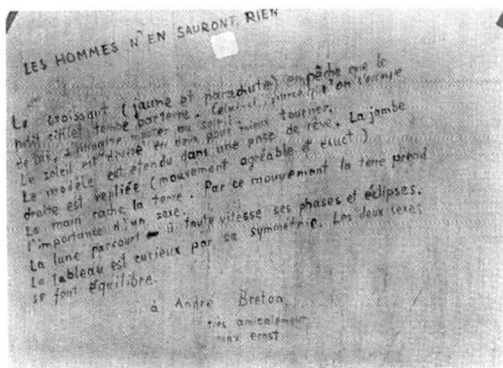

图 20
《人们对此一无所知》
画作背面题词；

泰特美术馆，伦敦

相对于恩斯特的任何其他作品，这幅画引发的各种不同的细致解读最多，但作品的标题却是一个对此类解读的警告。这幅画的所有者是安德烈·布勒东，一首献给他的诗被贴在画作背面（图 20）。诗的全文如下：

一轮弯月（颜色明黄、形似降落伞）
阻止了这小小的口哨跌落在大地上，
因为有人注意到它，
于是它觉得自己正在跃升靠近太阳。
太阳被一分为二，为了更好地旋转。
模型被舒展开，呈现出梦幻的姿势。
右腿向后弯着（一个令人愉悦的精准动作）。
手护着地球，借助这个动作，
地球因成为性器官而变得重要。
月亮迅速地变换着自己的阴晴圆缺。
画面因对称而显得奇特，两性在那里得到平衡。

这段文字非常诙谐地戏仿了炼金术的语言和意象。杰弗里·欣顿（Geoffrey Hinton）从弗洛伊德的史瑞伯病例（Schreber case）出发，对这件作品进行了详细解读。对于史瑞伯来说，太阳代表上帝和父亲，月亮则代表母亲，太阳的光辉和肉体相接，他还将自己看作雌雄同体的存在。一幅画的公开意义在多大程度上能够依赖于一种与单一理论文本相关的解读，我们不得而知。对于精神分析的作品解读来说，尤为如此，其中的识别与确认通常是任意、私密且常常前后矛盾的。伊丽莎白·莱格就推测，这幅画也许是在抱着怀疑态度地说明获得"超越"知识的可能性，如同炼金术的目标一样。这幅作品的标题似乎也印证了这种说法。

在《人们对此一无所知》中，月亮和地球的移动与性活动有关。在作品《我的小白》（*Mon Petit Mon Blanc*）中，恩斯特也使用了相似的联想手法，画中一个女人的臀部穿过土星的光环，而另一个形态似枪的天体悬在上空，因而行星运行和性交被画上了等号。这种关联可能比较怪异，但其根源来自炼金术，而且不止恩斯特一人有过类似的联想。弗朗西斯·毕卡比亚将车轮和性爱动作联系起来，而布莱斯·桑德拉尔的某些诗歌也有过相似的类比。

13

第一个清晰词语的诞生

At the First Clear Word

1923 年；布面油画；232cm×167cm；北莱茵-威斯特伐利亚艺术馆，杜塞尔多夫

图 21

自然史

1923 年；
布面油画；
232cm × 354cm；
私人收藏，巴黎

1923 年至 1924 年间，恩斯特居住在保罗·艾吕雅位于奥博纳（Eaubonne）的家中，在此之前恩斯特为其创作了《神仙的烦恼》（*Les Malheurs des immortels*）和《重复》这两本书的插图。恩斯特在这段寄人篱下的时期中，在墙上和门上绘制了很多画，后来这些画被重画到了画纸上，直到 1967 年才问世。那些被留存下来的作品则被从墙面上剥离下来进行复原。《第一个清晰词语的诞生》便属于这一系列，它展示出一个令人好奇的、典雅的、还有点地中海式的花园（图 21）。在这块镶板中，也有一只手从墙面开口中探出来，正如《俄狄浦斯王》（彩色图版 9）中变成乳房的两根手指。这幅画中夹着水果的双指也可以被看作女人的一双腿。画作的签名和标题一样是后期添加的，标题则取自艾吕雅的一首诗。这幅画作也许应被看作一连串壁画中的一幅，而非独立作品。

然而，仍有一些人对这幅画进行了孤立的解读，说其中有几处地方隐晦地指涉了威廉·赫尔曼·延森（Wilhelm Hermann Jensen）的小说《格拉迪瓦》（*Gravida*），后者以庞贝废墟为背景，并被弗洛伊德用作某个案例分析的基础（后人记得这个故事也是源于此）。经过抽丝剥茧的细致解读，画中墙上的长条昆虫很有可能是小说中停在格拉迪瓦手中的苍蝇。从昆虫尾部延伸至球体的那根绳可以被看作字母"M"［也许代表了马克斯（Max）］，这一解读让评论者们相信恩斯特将自己的身份和境遇融进了画作中，也让他们纷纷猜测恩斯特与保罗·艾吕雅及加拉·艾吕雅之间的三角关系——他们在自己的生活中构建了格拉迪瓦式的神话。然而，不管如何解读，作品中的这类标志物是极其隐蔽的。

夏洛蒂·斯托克斯（Charlotte Stokes）证明了恩斯特是如何从 19 世纪的自然科学杂志《自然》的实验报道中为这幅画选取素材的。捏着球体的交叉手指源自一张插画，展示的是当一个人做出如图所示的动作后，会产生两个球同时存在的错觉。由此，我们或许可以认为该作品影射了一个分裂的、歇斯底里的自我，并且似乎的确意味着这就是恩斯特私下意欲指涉的内容。不过，如果要观众正确辨认出这一实验场景是不大可能的。在恩斯特的其他作品中，还有更多对"分裂的自我"的明显表现。

14

被夜莺威胁的两个孩子
Two Children Are Threatened by a Nightingale

1924 年；木上油画和木头建造物；69.8cm×57cm×11cm；现代
艺术博物馆，纽约

在完成这幅画很长一段时间后，恩斯特于 1987 年在其著作《超越绘画》中描述了童年一次发高烧时产生的幻觉，这也是他的长篇心理传记中的一部分。这件事情似乎跟这幅画有一些关联："那是他第一次接触到幻觉。当时他患了麻疹，充满了对死亡和湮灭一切的力量的恐惧。高烧的他看到了对面的仿红木板花纹，从而产生幻觉。木板花纹不断变换形象，像眼睛，像鼻子，像鸟头，像一只凶狠的夜莺，像一只旋转的陀螺，等等。年幼的马克斯当然感到害怕，但又乐在其中。后来他便竭尽全力去激发相似的幻觉，他硬是长时间地盯着各种木板、云彩、墙纸和清水墙面，等等。"解读各种形态并构建出特定图案，对于恩斯特日后的创作来说至关重要。

在弗洛伊德看来，各种门的意象暗示着性爱的可得性或是贞洁——取决于门是否开合。也有人认为，画中的夜莺以更隐晦的方式指涉了恩斯特的父亲，这似乎为将该作品解读为与"绑架"和"诱惑"有关打开了可能性。然而，这些解读的失败之处在于，作品标题和画面的不匹配以及其他很多莫名其妙的元素。绘画与现实的关系可能是这幅画力图表现的一个主题：画中那个男人伸手去抓一个真实的门把手。那个添加在画面边上的门把手，好像将整幅画变成了一扇门，而这扇门是可以打开的，从而让观者看到更为广阔的世界。

2 enfants sont menacés par un rossignol /M. ernst

15

谁这么高，病人……
Who is this Tall, Sick Man...

1923—1924 年；布面油画；65.4cm×50cm；私人收藏，瑞士

图 22
勒内·马格利特：
词语的使用

1928 年；
布面油画；
54.5cm × 73cm；
鲁道夫·茨维尔纳画廊，
科隆

　　文字通常是恩斯特作品不可分割的一部分。这种文字和图像的结合于 1924 年借"图画诗"形式的兴起而有了进一步发展。所谓"图画诗"，就是将文字串联在一起以组成画中的意象，甚至还会投下阴影。它们在空间中若隐若现，围绕包裹着物体，或透明或模糊。这些文字表现的既不是新闻纸（如第一次世界大战前的立体主义作品那样），也不是拼贴中的元素，而是图像物体（pictorial object），它们与所代表的形态一样，具有相同材质和地位。有一种观点认为，文字和图像均是再现的一部分，两者是对等的，其中的符号也是具体化的。在画中的古典石柱和台阶之间，恋人们要么在跳舞，要么在挣扎，但似乎都被围绕他们旋转的词语束缚着。地上鸟的尸体也许象征着失去的自由。

　　勒内·马格利特也利用类似的方法来探索符号的任意性，他将文字作为物体，又把图像当成文字。他的绘画阐释了语言和视觉意指的失效，指出它们不可能与"真实的"物体建立联系。有时候，正如《梦的钥匙》（The Key of Dreams，1930 年）那幅画一样，画中的物体和文字说明在文字框中被关联在一起，但文字又与图像相矛盾，比如那顶礼帽的标签是"雪"。与《词语的使用》（The Use of Words，图 22）相类似，勒内的其他作品中无法确定身份的物体也被贴上了确切的标签。这些意象本身通常是准概念性的，通常取材于订购画册或百科全书中的解释性配图。与其说马格利特呈现了物体和符号的不匹配，不如说构建了一个个视觉和语言的符号表意系统。马格利特对这些概念驾轻就熟，并在绘画形式中赋予了书写一种特殊的地位，即"在一幅画中，文字有着与图像相同的实质"，这种情况在别处并不成立。文字成了素材，被融汇在绘画中，而物体也溶解在再现之中，两者在相互转化的过程中相遇。在恩斯特和马格利特的作品中，物质和语言、主体和客体、能指和所指之间的鸿沟被弥合了，而这样做的最终目的是制造出另外的矛盾对立。

16

向着 100, 000 只鸽子
To the 100, 000 Doves

1925 年；布面油画；81cm×100cm；私人收藏，巴黎

图 23
弗朗西斯·毕卡比亚：
MI

1929 年；
纸板水粉画；
160cm × 96cm；
下落不明

恩斯特发明了一种叫作擦印法的工序，即用铅笔在物体的纹理表面上摩擦出印迹。之后，他又将它作为一种技法改良运用到绘画当中：部分颜料层被刮掉以展露出未经颜料涂抹的表面。这项技法被恩斯特称为"刮擦法"。他认为，这种技法在原则上与拼贴手法并没有什么不同，并用文字将其描述为一种强化幻觉想象的方法。布勒东也写道，利用擦印法和刮擦法能使作品看起来就像半梦半醒间看到的景象一样，画面中的意象清晰醒目，仿佛物体的阴影遭到了"质问"。这种描述很好地捕捉到了作品中混合的非物质性和准确性。用布勒东的话说，这种绘画就像用光照射一枚硬币，硬币的表面保留了"平面物体可触碰到的第三维度"。在超现实主义中，超越惯常的维度来看待物体的理念非常重要。刮擦法也是对超现实主义绘画所面临问题的一种回应，这种绘画既不能轻易地被归为自动主义，又冒着仅仅是复制陈腐梦境象征组合的风险。尽管刮擦法不是一项自动完成的工序，但是在某种程度上它却是任意的，超出了艺术家的掌控范围。在将所见物象解读为复杂的叠加图案的过程中，也许也有潜意识的一份功劳。

这幅画标题中的字词再一次体现出其重要性，正如真实物体能够被加以改造一样［例如，曼·雷（Man Ray）在一块熨斗上添加了铁钉］，词语或短语的意思也能够改变。在布勒东的文章《没有皱纹的词》（*Les Mots sans rides*，1922 年）中，词句的改造是为了将它们从其常规用法中解放出来——字词被认为是会产生相互作用的元素，它们之间的相互反应可以用于研究，就像在炼金过程中一样。有时，恩斯特会在自己作品的标题中，对一些著名的商品名称进行改造，例如作品《美丽女园丁》（*La Belle Jardinière*，1923 年）原本指的是巴黎的一家百货公司，而《向着 100, 000 只鸽子》则取自一家名为"Aux 100,000 Chemises[1]"的服装店。

在这件作品中，鸟的身体被合并在一起，即便暗示出支离破碎，也让它们不可分离。无论是在这件作品还是其他作品中，所画对象的身体分裂、交融、翻转最后再剖开时，它们之间的界限一直是混乱的，并不断被入侵。毕卡比亚以透明度为主题的作品（图 23）也是如此，这些作品不仅象征着心理身份认同过程中不断改变的立场，还削弱了身份作为一个认识论概念的地位，同时进一步揭示出不连续符号组成的语言学世界中的无力感。

1　法文原意为"该有 100,000 件衬衫"。

17

蓝鸽子，粉鸽子
Blue and Pink Doves

1926 年；布面油画；85cm×101cm；艺术博物馆，杜塞尔多夫

　　与《向着 100,000 只鸽子》（彩色图版 16）相比，这幅作品在绘画技巧上非常不同。前者采用了厚实的石膏状表面，而这幅画采用的是淡淡的水洗效果，并且有很大一部分画布裸露出来。画面中色彩的浓淡不一标志着恩斯特绘画技法的巨大转变，这也是他决定在画中让意象交融整合的必然结果。按评论家威廉·鲁宾（William Rubin）的说法，浅空间、柔和色彩和碎片化的形态再现了立体主义的绘画特征。与拼贴画相比，这些作品无疑更符合传统审美，笔触也更加细腻，而恩斯特对美术价值的关注也让这些作品能被纳入到鲁宾的形式主义框架中。

　　尽管恩斯特声称拼贴技法和刮擦法之间并没有真正的区别，但这种技法变化所带来的影响是深远的。阿拉贡曾写道，拼贴元素既可以代替物体，又可以像词语一样运作，绘画因披上了文学的外衣而仿佛变成了一门真实的语言，而不仅仅是"反映品位的东西"。然而，在这幅作品的图像中，物体与符号之间的相互影响十分复杂，两者都有被对方吞并的危险，这种影响又因主体和客体之间的差别被削弱而受束缚。谁能说出什么是客体，什么是主体，什么是想法，什么是物质，什么是所指，什么又非所指？随着擦印法和刮擦法的不断发展，我们可以看出恩斯特的绘画实践发生了重要转变，从将离散的表意元素并置，到再现复杂而模糊的领域——其中的语言变得苍白无力，而无法描述的流动性则起主导作用。

18

两姐妹
Two Sisters

1926 年；油画和黑铅擦印画；100cm×73cm；私人收藏

　　这幅作品是一系列相似绘画之一，该系列还包括《两个裸体女孩》(*Two Naked Girls*，有两个版本) 和《沙漠之花》(*Desert Flower*)。这些画作都采用了立体主义的绘画技法，将柔和的色彩与刮擦法相结合。支离破碎而关联性弱的各种元素构建出新生的临时本体。这些形象的浮现方式貌似反映出刮擦的过程本身，而这种技巧本身也是一种形象浮现的体验。

　　这些作品和《自然史》中的擦印画都展示了系统知识的无用。通过将逻辑分类后的物体形式应用于形式本身 (自然历史就是生物的原型排序)，恩斯特希望让它们的力量失效。通过用擦印法来复制现实碎片，他将偶然性重新注入了抽象的类别中。我们在前面提到，阿拉贡将恩斯特拼贴画中的各个离散元素比作词语，而《自然史》中的擦印作品却截然不同，它们以各种方式打破了分类的界限。例如，波浪、木纹和下落雨滴形成的线条被等同起来。各种物体共有的表面打破它们的差别，同时也突显了表面之下的材质。另外，还出现了诸如《逃亡者》(*The Fugitive*，图 24) 中的鱼 (或眼睛) 等多样化的杂交生物，与其说它们是由不同的部分所构成，不如说是生长或嫁接在一起的。通过刻画持续的移动以及元素的转换、合并，它们之间的区别进一步消解。大体上，这些作品再现了一个脉动着的生命世界，搅乱并打破了实用理性主义的强行分类，展现出有机进化理论家让·巴蒂斯特·拉马克 (Jean Baptiste Lamarck) 所想象的世界图景。有机进化理论超越了对纲或种的简化分类，而把它们看作一个真正通过叠加形态来不断转化以适应环境的连续体。

图 24
逃亡者

1925 年；
黑色铅笔画；
26.5cm × 42.8cm；
现代艺术博物馆，斯德哥尔摩

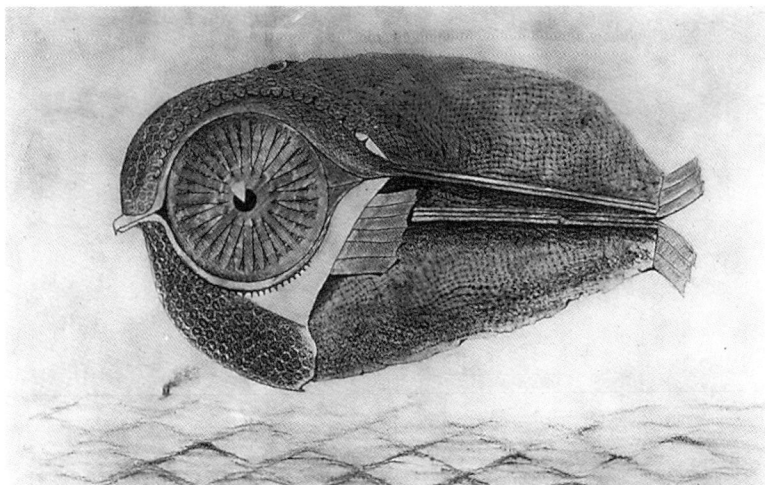

19　　　　　　　　　　　　　这些人，没有头

Personnages, dont un sans tête

1928 年；布面油画；162.5cm×130.5cm；克鲁吉耶尔画廊，日内瓦

在这幅画中，有的身体仅由线条构成，有的则实体感更强但却形态粗略，它们在此再次合并在一起，无序地呈现出来。它们显然是任意纠缠的线条勾勒出的模糊形象，与安德烈·马松的自动主义素描画极其相似。之前，我们已经了解过反归类的拉马克主义（Lamarckianism）[1]是恩斯特作品的主题之一，而维尔纳·斯皮斯也通过引用德国浪漫主义诗人诺瓦利斯的诗传递出类似的声音："世上一切不都是充满了意义、对称、暗示和奇怪的关系吗？"这幅画真正重要之处在于，不同的形态可以被解读为各种多样的形象。

无头人对恩斯特很重要，正如对其他超现实主义者来说一样。从某种意义上说，这一形象是对失明主题的延伸，与自动主义有关。这体现在恩斯特为《重复》和《神仙的烦恼》所作的插画以及他自己的作品《圣母怜子图》（彩色图版 8）和《摇摇欲坠的女人》（彩色图版 11）当中。这一主题在拼贴小说《女人一百头》（图 9 和图 10）中也很明显，其中的许多拼贴画都是关于"视觉"这一主题。《女人一百头》的原标题实际上是法语中的一个双关语，也可理解为"无头的女人"，而"无头"这一要素（也可以用来代表失去理智）一直贯穿在小说当中。"失明"只是一个次级主题，而眼盲被视为一种能力，可以借此打开内心视界。"无头"则是同一主题下一个更为极端的版本，其中令人不适的理性器官被彻底移除，只剩下由情绪和本能主导的下半身继续主宰着肉体。

1　一种生物学理论。19世纪初，法国生物学家提出了生物是从低级向高级发展进化的学说。——编者注

20

鸟类的纪念碑
Monument to the Birds

1927 年；布面油画；162.5cm×130cm；私人收藏，巴黎

图 25
勒内·马格利特：
愉快

1926 年；
布面油画；
74cm×98cm；
北莱茵-威斯特伐利亚
艺术馆，杜塞尔多夫

这件作品和其他类似的作品打造出一种具有讽刺意味的鸟类崇拜。画中或许嘲讽地指涉了巴洛克风格的天花板油画，展现了耶稣升天之类的主题。对于弗洛伊德来说，达·芬奇的文字描述意味着飞行"在梦中没有别的意思，只有一种对拥有威猛性能力的渴望"。布勒东之后在评论恩斯特的"洛普洛普"相关作品时，也借用了这种联系。

这种风格的作品表明恩斯特已经不再专注于以拼贴技巧为基础的绘画。虽然这个鸟类符号的形态是被捏造组装而成的，但是全然看不出它们中有任何异质的组件，而呈现出一种形态上的高度整合。毫无疑问，鸟的形象几乎就是恩斯特个人的标志性象征手法之一。在超现实主义中，它们也被更为广泛的指涉，从而成为最广泛的视觉创作主题之一。关于进入"超然存在"（见彩色图版 10）的一个常见暗喻，便是对四维空间的某种感知或在其中的移动。虽然现在第四维度被认为仅仅是一个数学意义上的建构，但在 20 世纪 20 年代，许多人认为这一维度具有某种物理和精神的存在形式，或许可以通过某种方式进入其中——对解释第四维度最常见的隐喻便是拿二维空间和三维空间里移动的生物进行比较。超现实主义者对鸟类和鱼类的痴迷可能与这些动物更广阔的活动范围有关——它们的运动并不局限于二维表面。在恩斯特和其他超现实主义者——特别是伊夫·唐吉——的作品中，他们常常把水下移动和飞行等同起来。一般来说，超现实主义绘画中失重主题的风靡加强了"四维自由"的概念，这种"自由"很容易与弗洛伊德所述的梦中飞行和色情冲动联系起来。这样便在无限、飞行、第四维度和精神性之间建立起一种普遍性的关联。虽然在《鸟类的纪念碑》中一切都很和谐，但在超现实主义绘画中鸟类的攻击和覆灭是常见主题，那既是对第四维度发动攻击的隐喻，也是对精神发动的进攻。同类的作品包括安德烈·马松的《被箭射穿的鸟》（*Bird Pierced by Arrow*，1925 年）、胡安·米罗的《朝鸟扔石子的人》（*Personnage Throwing a Stone at a Bird*，1926 年）和勒内·马格里特的《愉快》（*Pleasure*，图 25）。

21 视界内部：蛋

On the Inside of Sight: The Egg

1929 年；布面油画；98.5cm×79.4cm；私人收藏

　　这件作品属于恩斯特 1928 年开始创作的一个作品系列，是对《鸟类的纪念碑》（彩色图版 20）中带象征性甚至是纹章式画面的延展。它基于大英博物馆收藏的一件浮雕，描绘了一个融为一体的鸟类家庭或"三人组"。与恩斯特在该系列之前和之后的作品相比，这个系列的画风轻快，甚至有些幽默。看着这几只鸟用喙衔着蛋而它们自身却也被包含在椭圆形状（蛋）中，让人很难不去思考先有鸡还是先有蛋的问题。这类矛盾对立并非完全与画面无关，它们甚至可能成为超越传统视觉和逻辑去解读这幅画的另一个切入点。画面的四角都有一个虚幻的形象，这些动植物的混合体似乎是正在变形的巴洛克图案。这些中间状态的生物一直被看作关于超现实主义视觉实践模糊本质的寓言。不过，它们一定还具有更宽广的外延，跨越了现实与虚构、男性与女性、动物和植物之间的界限，并同时动摇了人们关于事物身份和因果关系的概念。尽管蛋壳内部的生物被清晰地描绘出来，但其中的线条有时会重叠，因而让人很难确定鸟之间的界限在哪里，也很难判断画中任一特定元素是否也属于其中一只或几只鸟。

22

雪花
Snow Flowers

1929 年；布面油画；130cm×130cm；私人收藏，比利时

    恩斯特在这一时期创作了多幅以花为主题的作品。在某种层面上，这些美丽的画作是他毕生作品中的一个谜题。在这幅画深色的背景上，他用刀涂上清淡而半透明的浅浅色彩，釉料相互渗透之后形成的意象可以被看作生物体或无机物，它们既像花朵，又像贝壳和化石。事实上，雪花状碎片是恩斯特于 1928 年用菊石进行刮擦之后得到的结果。即使运用了这些颇具吸引力的碎片，不确定的特征和转化的过程仍然是该作品要表现的主题。在这幅画的右下角，有一个更为眼熟的象征物——类似于画作《视界内部：蛋》（彩色图版 21）中的鸟被囚禁在一个小小的方块之中。几条尖锐的线条刻画出地平线并分割了背景，天空中还飘浮着行星状的圆形天体，烘托出整个画面的景观。我们好像正在目睹某种夜间发生的、关于原始生长或变形的场景。一朵朵鲜花通过色调暗淡的条纹连接起来，就像《人以帽为装》（彩色图版 4）中连接帽子的手法一样，这些花朵似乎也正要形成人像。花朵自身的舒展抑或收敛，不断创造出瞬息万变的各种形态。然而，基于画面中被囚禁的鸟，我们很难断言整幅画的解读是完全积极的。也许我们应当识别出在花朵的流动感和连接条纹的约束力之间的对立，就像为我们表现了一场词语与意象、客体与再现之间的辩证冲突。

邮递员薛瓦勒
Cheval the Postman

1929—1930 年；拼贴画；64cm×48cm；所罗门·R.古根海姆博物馆，纽约

　　标题中的这位邮差是指奥特里韦（Hauterives）的费迪南德·薛瓦勒（Ferdinand Cheval），1879 年至 1912 年间他用石头和贝壳为自己建造了一座带有奇幻色彩的东方宫殿，宫殿内装饰着雕塑和奇怪的题词。他的梦想是打造出一座"原始"时代的仙子宫殿。自 1929 年起，超现实主义者们常去参观那座建筑，他们都被这位未经培训的艺术新手的杰作吸引，就像被海关税务员卢梭的作品吸引一样。

　　作品中各种各样的素材自然而然地呈现出邮递员的某些特征：明信片和开了一个小角的信封、挂在人物"脖子"上的嵌花刺绣真丝领带、单据的末页和手绘的物象。恩斯特通过绘画将这些素材结合在一起。这个人物形象还形成了一个画架，上面呈现出画面的部分元素，而这种画中有画的形式进一步拉远了观众与作品的距离。画作中的某些元素风格老派，这与超现实主义者推崇过时的老旧物件有关。薛瓦勒的理想宫殿本身就奇特地结合了 19 世纪装饰物过多的细节和力图模拟有机体的原始冲动。宫殿内交替穿插的精细而平滑的过道，很奇妙地让人联想到恩斯特后来使用的转印法。把这些由破旧纪念物组成的琐碎品集合起来变成一幅肖像画，这是一个激进的创意，而这是基于对记忆中某些物品陈旧本质的指涉，以及这位艺术家异质、分裂而多层的人格所反映出的多样性——他本人就如同这幅拼贴画一样。

24

部落
The Horde

1927 年；布面油画；115cm×146cm；市立博物馆，阿姆斯特丹

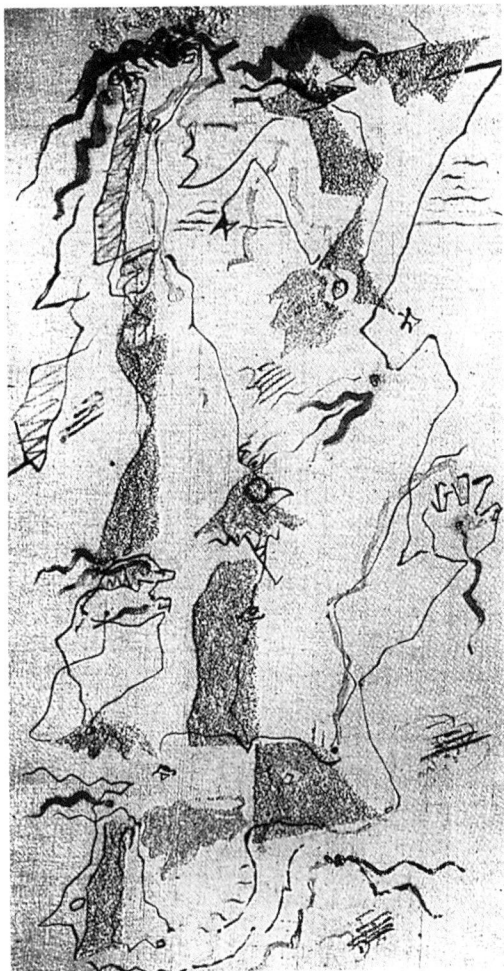

图 26
安德烈·布勒东：
骑士

1926 年—1927 年；
采用了沙子和石膏的铅
笔画和木炭画；
私人收藏

这幅画呈现的原始部落可能参考了弗洛伊德的著作《图腾与禁忌》（*Totem and Taboo*），其中反叛父亲的后辈谋划了一场俄狄浦斯式的谋杀。此外，画中有大量被融合的形象，它们强调了部落的集体身份认同和半人半兽的形态。然而，恩斯特在这些形象身份的易变性、姿态的暴力性以及明显化石化的固定性之间，成功地建立起一种对立关系。他的谋划不是向我们展示部落本身，而是要让我们清楚地意识到，我们所看到的是从当前这些固定形态中解读出的我们自己原始时期的过往。

在运用刮擦法的过程中，恩斯特用一把泥刀刮去画作上的颜料，以便展露出他放在画布下面真实物体的形态。通过这种方法，颜料变得像石膏一样，画布则变成了一面墙壁，上面有墙背后物体的印记。这种处理手法是回避自觉表象问题的一种尝试，它让物体更明显地展露出来，让它在作品上留下实际痕迹，就像绘画型的黑影照片一样。

在创作时，恩斯特先将缠绕的麻线浸泡在颜料中，然后任其掉落在画布上，以创作出随机的曲线来作为再现的基础。这种手法为作品增添了另一层任意性，其他画家也都使用过它。例如，马塞尔·杜尚将一些绳子散落在画布上，除了将它们组成的随机形象作为艺术作品呈现在《三次标准罢工》（*Three Standard Stoppages*）中，他还采用了其他作品中的线条，包括《大片玻璃》（*The Large Glass*）［或称为《甚至，那个新娘被她的光棍们剥光了衣裳》（*The Bride stripped bare by her bachelors, Even*）］。安德烈·马松采用了一种类似的技巧，将胶水滴在画布上，然后在上面撒沙子，比如在作品《骑士》（*Un Chevalier*，图 26）中。

25

大森林
The Great Forest

1927 年；布面油画；114cm×146cm；艺术博物馆，巴塞尔

从某种层面上来说，恩斯特创作中常见的森林绘画是一个陈旧的主题，它指涉了德国浪漫主义油画，尤见于卡斯帕·大卫·弗里德里希的作品。不过，森林也可以被视为一个让人迷失其中的复杂禁域，犹如一座迷宫，抑或是监狱。《大森林》中的鸟被部分隐藏，呈现出半隐藏半囚禁的状态——在精神分析层面上，这两种状态之间存在着某种联系。当隐藏的东西被暴露时，精神困境也就有了出口。

虽然浪漫象征主义会理想化描绘的对象，并改变它们的形象，但在这幅画中恩斯特更注重的是作品的寓意。和《部落》（彩色图版 24）一样，这幅画中的形态不但具有原始风格，还有石化质感。这个画面与黑暗天空中的邪恶圆环一起，暗示这是某种末日灾难后的大规模灭绝场景。有观点提出，天空中的圆环可能代表着日蚀，于是这幅画将太阳和月亮统一起来，就好像用炼金术将它们结合在一起。

在作品《向一个年轻女孩展示她父亲的头》（*Showing the Head of her Father to a Young Girl*，图 27）中，恩斯特在森林背景中描绘了一个戏剧性的场景。死去的森林反衬出主角没有五官的脸。在一本关于 19 世纪诗人兼评论家夏尔·波德莱尔（Charles Baudelaire）的书中，沃尔特·本杰明曾提到美学光环的衰落；艺术佳作曾具有一种让观众印象深刻的存在感，而我们现在给人的印象却是"拥有双眼，但却失去了观看能力"的观众。超现实主义者非常热衷于描绘缺少五官的脸以及由现代机械加工而成的"人"。或许，通过向观众展示悲剧和末日的空白意象，恩斯特力图表示我们已无力回应画作中投来的目光。

图 27
向一个年轻女孩展示
她父亲的头

1926 年；
布面油画；
65.5cm × 81.5cm；
私人收藏

26

在森林边缘
Edge of a Forest

1927 年；布面油画；38cm×46cm；市政艺术馆，波恩

　　这是"森林"系列中的另一幅画，厚实而具有石膏质感的画作表面上有压痕，画面的树就像梳子一样。恩斯特想要清楚地表明，这些作品不应该被看作一位天赋异禀的艺术家迸发变幻莫测的灵感时而作的。1934 年，他写道："……每个正常的人类（而不仅仅是'艺术家'）的潜意识里都蕴藏着无穷无尽的画面，关键只在于是否有勇气将其取出，或者只是释放程序的问题……在无意识的大海中航行，将纯粹的、未掺杂的现成物体展露出来……"这里似乎暗示着潜意识的内容可以在个体之间共享，以至于细细观看恩斯特的"航海"作品，我们就会找到与自己潜意识中埋藏的图像产生共鸣的东西。的确，基于这些假设，我们会发现，也只有在（恩斯特非常感兴趣的）卡尔·荣格的精神分析理论所描述的那种集体无意识的运作之下，这些图像才具有力量，因为我们所有人对于原始时代的无意识记忆赋予了这些图像力量。尽管这幅画拥有浪漫主义的内涵，其中的森林给予恩斯特的正是如此原始的图像，而它或许承载着具有普遍性的重要意义。

27

爱的一夜
One Night of Love

1927 年；布面油画；162cm×130cm；私人收藏，巴黎

图 28
莱昂纳多·达·芬奇：
圣母、圣婴和圣安妮

1510—1512 年；
木板油画；
170cm × 129cm；
卢浮宫，巴黎

《爱的一夜》并非恩斯特的典型作品之一，这不仅体现在形式上——着色以及线条与单色块的组合，也可见于他一直消极地处理与超现实主义者产生共鸣的主题。超现实主义者普遍认为，"疯狂的爱"和情欲是通向"超越"的途径（恩斯特的确在 1931 年撰写过一篇自由论的攻击文章来反对色情管理条例），但在这幅画中它却呈现出暴力、支配甚至肢解的状态。像其他作品一样，画中的躯体只是暂时的人形。画面右上方的人似乎长着一个牛头，而鸟儿似乎是从线条中挣脱出来的，这些线条又构成了更大的形象。身体的层次结构被彻底打破——四肢被位移，头部被挖空或被劈成两半。

这件作品一直被看作是对莱昂纳多·达·芬奇（Leonardo da Vinci）的画作《圣母、圣婴和圣安妮》（图 28）的改造，并且这两件作品可能在形式上还有某种关联。这种对比背后的关键论点在于，画中鸟类和躯体的结合可能源自奥斯卡·菲斯特（Oscar Pfister）在达·芬奇作品中"发现了"隐藏的秃鹫形象，这一发现曾被弗洛伊德用于分析达·芬奇的精神性欲驱动力（这一解读后来被证明是基于错译）。如果说弗洛伊德的分析、达·芬奇的画作以及《爱的一夜》之间确实存在什么联系的话，那么直到今天我们也无法参透。

28

盲泳者：接触
Blind Swimmer: the Effect of Contact

1934 年；布面油画；93cm×77cm；朱利恩·利维夫妇收藏

画作《盲泳者：接触》充满了关于性和美学的议题，因为它不仅代表着对种子施肥，还代表着运用自动主义的先锋艺术家。画面中关于解剖和性的隐含意义表达得非常明确。恩斯特在 1934 年创作了两件以此为名的作品，而在另一件作品中，线条更加规则，并以非常具体的种子意象为中心，从而清楚地展示出它的外壳及其内部的食物供应关系。这里所呈现的这一版本肉质感更强，暗示出人体内部的构造，包括一条内部通道和左侧的元素——或许作者有意让其被解读为精子。该作品标题显然是在支撑这种解读，因为"接触"可能承载了性的意义。这幅画的出处已经被找到，它源自一本科学教科书中展示动电电流的配图——恩斯特经常将电能和性能量联系在一起。这种辨识明显源自弗洛伊德的泛性主义学说，他认为所有的精神力量都是性驱动力的产物。这两者的联系也表现为另一种形式，因为在对立原则暂时统一的情况下，"超越"领域的知识也在无意识的状态下产生了。

在著作《超越绘画》中，恩斯特阐述了擦印法与自动主义之间的关系："在作品诞生时，作家是一个或冷漠或热情的旁观者，他会观察该作品发展的各个阶段……而画家的角色是将内心世界之所见勾勒后投射出来……为了'让我的灵魂变得怪异可怖'，我尽了一切所能。在创作《盲泳者：接触》时，我想象自己是一个先知。'我见过画里的一切。'我发现自己爱上了眼前的一切，并希望借由那些景象来认同自我。"因此在绘画过程中，自动主义艺术家是对立原则统一时的多产局面中的旁观者。

29

洛普洛普
Loplop Presents

1931年；拼贴画和铅笔画；64.5cm×50cm；私人收藏，伦敦

　　这幅画是恩斯特在20世纪30年代早期创作的一系列大型拼贴画之一。这些画明显不同于更早期的拼贴画，画家在创作时没有考虑到日后复制的需要，而是将其作为独立的单品出售。这些画没有试图掩盖其所用材料的多样性，也没有隐藏各个衔接处，反而将它们当作画面的特征。其实它们更接近于立体主义拼贴画，后者同样采用了各种各样的作品表面，通常稀疏地分布在浅色背景上。事实上，在1922年至1929年间，恩斯特的拼贴画创作出现了"断层"，而当他重新开始此类创作时，他的作品就呈现出两种风格迥异的模式：一部分是这类优秀的美术单品，另一部分是拼贴小说《女人一百头》中的系列拼贴画，而后者刻意隐藏了素材的多样性来源和拼贴的工序。

　　除此之外，正是在这些拼贴画中，恩斯特创造的另一个自我——那只叫作洛普洛普的鸟。在这个场景中，洛普洛普向观众展示该作品（它的头部出现在画面的顶部），就像在《邮递员薛瓦勒》（彩色图版23）中一样，它的身体也可以被解读为画架。在恩斯特自己编撰的心理自传中，洛普洛普占据着图腾般的位置，恩斯特称其为"私人幽灵"，这个日常动物源自著名的人类学文献［詹姆斯·弗雷泽（J. G. Frazer）和吕西安·莱维-布吕尔（Lucien Lévy-Bruhl）］。这一图腾也是一种部落动物，我们在前面提到，这只鸟也适合用来作为超现实主义的整体象征。这件画作的主题似乎直指艺术本身，它具有几何构造物的线条，并指涉了人体素描所需的解剖学知识。整幅画可能还将传统再现手法和富有洞见的工具性知识联系在一起。

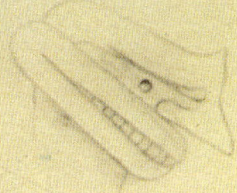

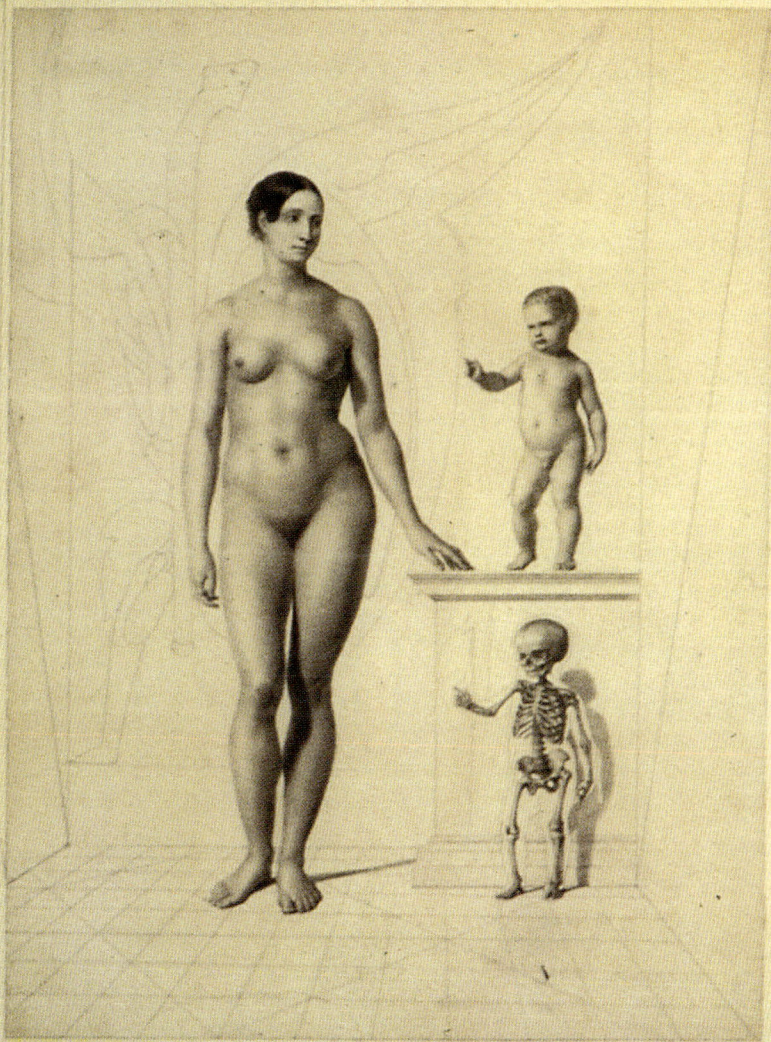

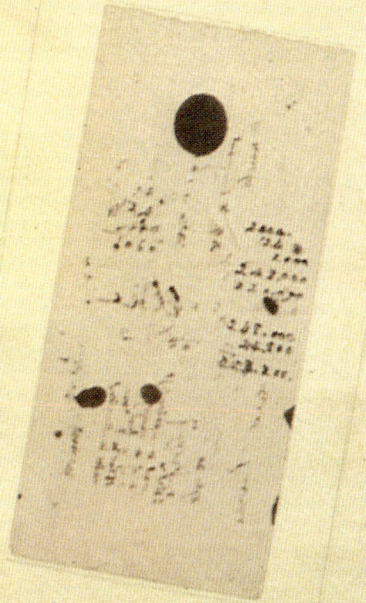

30

花园中的飞机陷阱

Garden Aeroplane-Trap

1935 年；布面油画；54cm×73.7cm；乔治·蓬皮杜中心，国立现代艺术博物馆，巴黎

　　从 20 世纪 20 年代末到 30 年代初期，恩斯特的作品变得不再那么严肃，反而更加幽默，也更偏向于自我指涉。此后的经济政治局势彻底改变了他的创作心境，特别是德国法西斯主义的崛起和战争的日益逼近，恩斯特选择回归十五年前他曾经创作过的主题。这幅画是创作于 1935 年至 1937 年间的五幅"花园中的飞机陷阱"系列画之一。在《无辜者的大屠杀》（彩色图版 6）中，飞机被看作侵略者，而在这里，据恩斯特所言，"贪食的花园被受困飞机残骸上生长出的植被所吞噬"。约翰·罗素（John Russell）指出，这些花既可能是奖杯，也可能是花圈，而且这幅绘画中的各种形态极为模棱两可，观众分不清到底哪些是陷阱，哪些是受困物体。这种模糊性在恩斯特自己对作品的描述中也有明显体现。即使是看上去类似飞机的形态也如同有机体一般，好似由骨头或某种橡胶叶子构成。的确，我们或许不应该将这些形态看作飞机，而应该把它们看作诱饵——植物自身的衍生物，它模仿了敌人的形态。无论如何，在这幅超现实主义的梦幻画作中，一种食肉的、由植物构成的大自然似乎在对科技进行复仇。

31

整座城

The Whole City

1935—1936 年；布面油画；60cm×81cm；苏黎世美术馆，苏黎世

　　这幅画是一系列描绘石化城市或城市全貌的作品之一，作于1933 年至 1936 年间。整件作品使用了印染中的浮雕印块来勾勒图案，然后用刷子进一步地细化处理。与"森林"系列一样，这类图像闪现着浪漫主义先驱的影子。恩斯特不仅参考了弗里德里希的作品，还借鉴了维克多·雨果（Victor Hugo）在莱茵河上旅行时的素描画。他曾经观摩过这些作品，并对它们十分欣赏。

　　这件作品刻画了一个被大自然侵蚀的死气沉沉的城市，阶梯的形状让人联想到古代的南美洲城市。此外，这些再现预示着战争或一触即发，尽管仍然含糊其辞。一方面，超现实主义者在创作中大量使用了科技过度发展的意象，并将它们作为自然和情感最终统领文明和理性的象征，选择城市来进行这样的处理直接指涉了 20 世纪 20 年代持技术统治论的城市规划者倡导的乌托邦［如勒·柯布西耶（Le Corbusier）的瓦赞计划（Plan Voisin）］，十年之后这一计划在经济大萧条中破灭，又经受了新一轮的战争威胁。另一方面，阴沉的画面似乎表明恩斯特已经意识到，并非所有非理性的、致力于以暴力推翻既定秩序的力量，都经得起超现实主义的检验。

32

生命之乐
Joie de Vivre

1936—1937 年；布面油画；60cm×73cm，国立现代艺术馆，慕尼黑

　　这幅画作再现了恩斯特早年对"海关税务员"亨利·卢梭作品的热爱，他曾于 1912 年在科隆的桑德邦德展览中看到过卢梭的作品（图29）。虽然卢梭笔下的森林看起来更井然有序，其中各部分也更离散，但不论是从版式和丛林景观、其中蕴藏的暴力，还是从画中流露的对周遭生物满不在乎的漠视来看，这两件作品都十分相似。

　　恩斯特笔下的丛林繁茂丰盛、青翠欲滴，其中的植物形态喷薄而出、四处流溢，既像一幅史前景象，又像一个文明被吞没之后的场景。与丛林令人目瞪口呆的效果相比，丛林中的人类显得苍白无力。这片植被中涌现出各种各样的动物，比如像螳螂一样的生物——恩斯特将它识别为在性行为中吞噬伴侣的雌性蜻蜓。一切场景都在某种程度上与丛林融为一体，而部分植物也呈现出动物的特征。1938 年，诗人邦雅曼·佩雷（Benjamin Péret）在杂志《弥诺陶洛斯》（*Minotaure*）中发表了一篇名为《自然将进步吞没并超越》（*La Nature dévore le progrès et le dépasse*）的文章，其中描述了这幅画所展示的这个过程。恩斯特也于 1934 年发表了一篇关于"森林之奥秘"的文章，其中的插图是树干和树枝的特写。这一切都汇聚成了一个饱含幽闭恐惧症般复杂性的图像，并被高地平线和无意识且粗枝大叶的暴力性所强化。

图 29
亨利·卢梭：
丛林：老虎攻击野牛

1908 年；
布面油画；
172cm × 191.5cm；
艺术博物馆，克利夫兰

33

家园天使
The Angel of Hearth and Home

1937 年；布面油画；114cm×146cm；私人收藏，巴黎

图 30

萨尔瓦多·达利：
熟豆的软结构，内战
的预兆

1936 年；
99cm×99cm；
布面油画；
费城艺术博物馆；路易丝
和沃尔特·阿伦斯伯格夫
妇收藏

恩斯特曾为不多的几幅作品给出过明确的解释，这件作品就是其中之一，尽管他是后来才认识到：“《家园天使》是我在西班牙共和党人战败后画的作品之一。现在来看，这个标题自然具有讽刺意味，因为画中描绘的是一头笨拙的野兽践踏并摧毁行进途中的一切。这是我当时关于世界可能要发生什么的感想。我是对的。”当然，其他艺术家也就这一主题创作了一些直言不讳的作品，例如毕加索的《格尔尼卡》（*Guernica*）和萨尔瓦多·达利的《内战的预兆》（*Premonition of Civil War*，图 30），后者出发角度不同且更具讽刺意味。温暖的家庭生活自然是法西斯主义者阐释的美德，然而画中的这只生物却毫无温顺可言，它具有动物的特征，比如爪子、喙、马蹄和爬行动物的附属器官。在这幅画的一个早期版本中，画面左下方那只绿色的鸟抑或那只貌似恐龙的动物是分离的，观众认为它可能正在试图阻止这个可怕的天使——它甚至可以被认定为洛普洛普。在这个版本中，它被画面的主要人物纳为一体，从而在一个单一的有机体中融合了曾经对抗的力量。

这幅画之前的标题是《超现实主义的胜利》（*The Triumph of Surrealism*，这是它在 1938 年的国际超现实主义展览上的标题），当时正值法西斯主义横行，这一标题被解读为对超现实主义运动无力状况的讽刺性评论，但很有可能它还蕴含着更严肃的意图。一方面，弗洛伊德认为，压抑是对自然本能的恶性抑制，最终会引发疾病，但它也是文明持续运作的必要机制；另一方面，超现实主义者提倡从理性中释放无意识的建议往往充满暴力倾向。不论怎样，超现实主义者现在面对的却是欧洲平原被一种明显出自本能又以神话为基础的力量横扫肆虐的毁灭性景观。

34

新娘的长袍
The Robing of the Bride

1939 年；布面油画；130cm×96cm；佩姬·古根海姆收藏，威尼斯

  这幅画标志着恩斯特创作中的明确突变，它将早期拼贴画中那些充满细节又彼此分离的元素用一种强烈的幻想风格结合在一起。刺穿新娘长袍的箭不但与《俄狄浦斯王》（彩色图版 9）中被刺穿的核桃相呼应，也表明画家在创作方向上的变化。根据布勒东的说法，产生超现实主义所追求的"痉挛之美"的一个条件就是"动作的终止"。布勒东给出的一个例子是森林里杂草丛生的火车头（一个明显符合恩斯特审美的母题），另一个则是由数千条红色羽毛制成的夏威夷酋长的斗篷。这幅画中新娘所穿斗篷的灵感源自恩斯特在法国西南部参观钟乳石洞时看到的岩石形态。布勒东在作品《疯狂的爱》（*L'Amour Fou*）中描述了一个石窟中的一件石斗篷："它的布料会让雕塑家永远难以模仿，它在聚光灯的照耀下，覆满了玫瑰，以至于他可能再也没有理由对（画中）这件光彩夺目、引起痉挛的斗篷心生妒忌，后者可是由一种珍稀鸟类所独有的红色小羽毛经过无数次的重复工序而制成的，古时候夏威夷的酋长们曾佩戴这种羽毛。"

  与恩斯特早期的作品一样，这件作品的含意也不甚清晰，尽管大卫·霍普金斯（David Hopkins）指出，这幅画明显指涉了杜尚的《大片玻璃》，并且在某种意义上，可能也是对它的回应。霍普金斯还探究了这件作品的象征手法，因为它与玫瑰十字会（Rosicrucian）和炼金术的文字记载有关，其中新娘的长袍预示着婚姻，这也与杜尚作品中新娘被剥光衣物的意象相呼应。鹳鸟象征着生育能力，而被折断的箭是人们所熟知的阴茎象征物。恩斯特对于模糊的性别身份和雌雄同体特征的兴趣在作品《人们对此一无所知》（彩色图版 12）中已经有所展现，而位于这幅画右下角的雌雄同体的矮人也让其昭然若揭。需要再次重申的是，炼金术对于恩斯特的重要意义在于它作为一个非逻辑性符号系统的功能，其中批判对象的身份不断变化，而解读的完成也永远地被推迟了。

35

荒野中的拿破仑

Napoleon in the Wilderness

1941年；布面油画；46.3cm×38.1cm；现代艺术博物馆，纽约

　　在某种层面上，恩斯特艺术创作方向的另一转变源自一种利用偶然性的绘画技巧——转印法，即先将一张纸或一片玻璃放置在颜料表面，然后再拉开。奥斯卡·多明格斯首先将这种技巧运用在水粉画中，而恩斯特则让其适用于油画。这种技法呈现出一种通常无法展现的集中细节效果，而其中的形态似乎无法确定，观者也会把它们解读为各种各样的东西。布勒东曾把多明格斯的这个手法称为"对人类努力（表现力和理解力）"的戏仿。

　　画中只有一部分使用了转印法（例如杆子和地面），其余部分则按照传统手法以高度细节化的写实主义风格用画刷描绘出来，这让人回想起古斯塔夫·莫罗复杂而奇幻的画作。这类作品无疑是恩斯特创作中的新起点，但他仍然在其中折射出对自然形态的子结构以及生物体与地质物质之间界限的兴趣。在这幅画中，一个貌似拿破仑的人物旁边还有一根图腾柱，一个身体几乎被植被覆盖的女性手持着一件奇怪的管乐器。相对于这个半裸女人，拿破仑被放置在了一个窥阴的位置上，而直立在两者之间的图腾柱也承载了性内涵，尽管在这幅画中拿破仑的性别含糊不清。拿破仑，一位流亡的独裁者，从各种复杂的意味上指涉了恩斯特在战时乘坐飞机流亡时的困境，以及战争本身。这个女性形象似乎有部分钙化的迹象，就像罗德的妻子[1]最后变成了盐柱一样，这在另一个层面上影射了欧洲正在经历的大规模毁灭事件。

---

1 源自《圣经故事》。——译者注

36

雨后的欧洲 II
Europe After the Rain II

1940—1942年；布面油画；55cm×148cm，沃兹沃思美术馆，康涅狄格州哈特福德

这幅展现世界末日的作品是恩斯特在欧洲完成的，随后这幅画被邮寄到了美国。画面清楚地展示了战争过后的场景，在堆积如山的尸体、腐烂的植被以及矿物元素共同构成的背景当中，居住着两个好战的人物形象。鸟类、长着鸟头的人和其他无法辨认的生物被悬挂起来或是恐慌地站在四周一动不动，废料中还隐没着一只穿着装甲的公牛。废墟般的建筑结构被包上外壳或被植被覆盖。与超现实主义者所畅想的"自然吞噬文明"以及布勒东设想的"被植被重重覆盖的火车头"相比，这幅作品无疑是相关场景的噩梦版。

1933年，恩斯特以相同的标题创作了另一幅油画（图31）。同年，希特勒在德国上台。这幅画中的形态与欧洲化为废墟并渐渐腐朽的版图有些许相似。这幅作品带有明显的政治意味，恩斯特也因此被纳粹列入了黑名单。虽然画作的基调带有明显的消极色彩，但它也可能让人回想起恩斯特曾构想的那些更加模糊的城市废墟，也许还借鉴了将欧洲缩小得无足轻重的超现实主义世界地图。

图 31
雨后的欧洲 I

1933年；
有石膏的木板油画；
100cm×148cm；
卡萝拉·吉迪翁·韦尔克收藏，苏黎世

37

天籁之音
Vox Angelica

1943 年；布面油画；152cm×203cm；阿奎维拉画廊，纽约

　　像是为了庆祝自己到达美国，恩斯特将这幅画打造成了一份"冷冻快餐"，即一个关于他自己的神秘自传的可视版本。这幅画既展示了他过往的绘画产品，又暗示了他未来的创作路径。整个画面的感觉就像是一幅镶嵌而成的祭坛画，与标题的宗教意味交相呼应。这个作品包含了一个创作技巧目录，共分为 52 个小块，这个数字正好也是恩斯特当时的年龄。维尔纳·斯皮斯指出，这幅画更像是杜尚的作品《手提箱里的盒子》（Boîte en Valise）的油画版，后者中的每一小格都是艺术家过往作品的迷你版。

　　这幅画的某些小格重现了"森林"和"丛林"系列画、转印画、表现宇宙主题的画作以及被囚禁的鸟的作品，所有这些作品都严格地为留白或有图案的板块所限制和排布，并被精密的工具区分开来。其中两个板块展示了埃菲尔铁塔和帝国大厦，暗喻了恩斯特的移民身份。另一些板块则重现了作品《恺撒的调色板》（Caesar's Palette），这是收录于《自然史》的若干擦印画之一。在《恺撒的调色板》中，恩斯特用写实主义风格将一片叶子和一片剪切过的空白叶子形状一起呈现。这两个意象显然在物体与符号之间抑或在符号与再现之间建立了联系。表意和复制也是相关的，因为二者都涉及重复和变化。

　　这幅画也探索了恩斯特与几何学之间不断变化的关系，这一主题曾是禁忌。画面顶部拟人化的圆规似乎是几何和理性被人性化的标志，甚至连作品的署名也都由圆规搭建而成。恩斯特力图在创作中融入几何形状，而这通常被他当作油画中相对无序的片段的对应物。

38

草地上的早餐

Breakfast on the Grass

1944 年；布面油画；68cm×150cm；私人收藏，纽约

在 1935 至 1936 年间，恩斯特创作了另一件同名的作品，那件作品更直接地指涉了法国艺术家爱德华·马奈（Edouard Manet）的名作，而这幅画则表现了风景中的一个杂交生物。如同在画面题词中看到的，画中的法文标题非常有意思：Le Déjeuner sur l'Herbre。"Herbre" 是以诗人和剧作家阿尔弗雷德·雅里（Alfred Jarry）的风格创造的混合词，他因使用 "merdre[1]" 这个词来作为自己的戏剧《愚比王》（*Ubu Roi*）的开场白而"臭名远扬"。在动词 "herber" 的运用上可能存在一些戏玩的意味，而这个词原意为在草地上漂白某些东西——通常是亚麻布，因而这个词与画作主题便有了一些关联，尽管这一双关语的用意仍然晦涩不明。

在某种程度上，这幅作品展示了野餐后的残留物，包括水果、鱼以及废弃的瓶子。另一方面，它呈现出的画面表现了堕落和腐烂的大自然以及消费行为中固有的暴力性。有人也认为，这幅画描绘了一个被污染的天堂。由于恩斯特在作品中强调将文字和图像并置，从而让所有这些解读都站不住脚——这幅画刻意添加了标题面板，而面板上还突出了一根茎和一片叶子。通过转印法绘制的景观和远处大空的相对位置也不合逻辑，这表明尽管恩斯特可能向观者展示出一个恐怖的图像，但它并不能让我们停止揣测和怀疑。

---

1 在法语原文中，是将 "merde"（直译为"屎"，法国的国骂）错误地读写成 "merdre"。——编者注

le déjeuner sur l'herbe

39

圣安东尼的诱惑
The Temptation of St Antony

1945 年；布面油画；108cm×128cm；威廉·莱姆布鲁克博物馆，杜伊斯堡

　　虽然这幅画在感觉和象征手法上看上去都与转印法的作品很相似，但实际上转印法在这里用得少之又少，画面的大部分都采用的是传统绘画技巧。这幅画是为了一场竞赛而作的［参赛者包括达利、利奥诺拉·卡林顿（Leonora Carrington）、保罗·德尔沃（Paul Delvaux）、斯坦利·斯潘塞（Stanley Spencer）和多罗西娅·坦宁（Dorothea Tanning）等艺术家］，被选中的画作将出现在根据小说《漂亮朋友》［居伊·德·莫泊桑（Guy de Maupassant）所著］改编的同名电影中。由阿尔弗雷德·巴尔（Alfred Barr）、悉尼·亚尼斯（Sidney Janis）和马塞尔·杜尚组成的评审团最终将奖项授予了恩斯特。

　　《圣安东尼的诱惑》让人想起 15 世纪德国艺术家马蒂亚斯·格吕内瓦尔德在伊森海姆（Isenheim）祭坛画中对同一主题的处理手法，其中出现了类似的动植物混合体的变形。这件作品的灵感还可能来自诗人伊西多尔·杜卡斯（Isidore Ducasse）——所谓的洛特雷阿蒙伯爵（Comte de Lautréamont）——的文字，其中强调了大自然的暴力性和无法无天。还有人宣称，这幅画涉及了神圣和世俗之爱的主题，这就体现在画作背景中的女性形象上，其中一个女人显然没有头且姿态放荡，另一个女人则站在杆子的顶端。画面中心立方块上有一张脸，一只眼睛睁开，另一只眼睛闭着，这张脸也出现在画作《他没看见，他看见了》（He Does Not See, He Sees，彩色图版 40）中。这张脸还出现在这幅画中的一只怪物身上，而这只怪物横亘在圣安东尼的双腿之间。

　　恩斯特在这次比赛的画册目录中写道："圣安东尼阴暗而病态的心灵就像一潭死水，尖叫着寻求帮助和光明，他把自己恐惧的回声当作回答，即他幻觉所造的那些怪物发出的笑声。"圣徒在心中塑造的这些可怕生物折磨着他。与格吕内瓦尔德的描绘形成对比的是，这幅画中圣人的身体被放在一个不成体统且摇摇欲坠的位置上，他的头向后倾斜，嘴巴张开，身上的窍孔被各种不同的生物侵入。这幅画创作于第二次世界大战结束之时，对于这个通过神话和幻想来创造怪物的主题来说，这一时间点至关重要——其中怪物已变为实体，撕裂了圣徒的身体。就超现实主义而言，恩斯特想起了布勒东的一段描述——其中布勒东将在拥挤街道上肆意射击看作一种超现实主义行为——或者他的宣言《允许》（Permettez）。在这个宣言中，布勒东希望诗人亚瑟·兰波（Arthur Rimbaud）的家乡沙勒维尔（Charleville）的一尊雕像会在空袭后被熔化成骨架。

40

他没看见，他看见了
He Does Not See, He Sees

1947 年；布面油画；76cm×76cm；私人收藏

　　这幅画被宣传为《盲泳者：接触》（彩色图版 28）的一个新版本。这幅沿对角线呈现的作品描绘了一张脸（曾出现在《圣安东尼的诱惑》中），而画作标题则分别在脸部两侧用法语书写出来。其中的一只眼睛闭着，另一只眼睛睁开，意在和标题相呼应。画面中相互渗透的区域展示出一种超越传统视界的愿景，或可以被看作四维空间合并而成的分离平面。之前我们提到，在超现实主义中，失明被看作超越传统视界的隐喻。虽然这幅作品描绘的应该是一个盲人泳者，但在画面中几乎感觉不到水的存在，或许画面底部的线条可代表水，甚至有个评论家称这张脸佩戴着泳镜。

　　人们普遍认为，超现实主义绘画在第二次世界大战之后整体衰落了。这种退步显然对恩斯特产生了影响。就像对机械化战争抱有美丽幻想的未来主义被第一次世界大战的现实击垮一样，第二次世界大战又让同样的命运降临到超现实主义头上，似乎超现实主义艺术家抱有的一切设想都已经变成了现实。曾有一段时间，恩斯特在转印法绘画中直面了这样的现实，但他需要解决的问题是：接下来哪些方向才是通途？后来，他越来越多地偏向关于自然和谐的主题，并痴迷于在自己毕生的作品中进行内部交叉指涉。恩斯特后期形成的这些理解，就像专门为了给艺术史学家服务一样，这种模式通过在不同语境中重复使用意象，从而将私人化且实质上带任意性的象征手法与重要意义的厚重感融合在一起。

41

与王后下棋的国王

The King Playing with the Queen

1944 年；青铜塑；高 97.9cm；现代艺术博物馆，纽约，由 D. 梅尼尔和 J. 梅尼尔捐赠

这是恩斯特十年来的第一件雕塑作品，也是他在 1944 年夏天在长岛制作的一系列雕塑作品之一，这件作品在石膏原型完工十年后才被浇铸成型。虽然这件作品是通过铸造和组装各种常见物品——通常是找到的现成品（如家用容器）——来制作的，但当它被铸成青铜时，它失去了所有的异质性。如此一来，这件作品就等同于雕塑作品中的拼贴画。

作品中的国王长着一只牛头，不禁让人联想起《爱的一夜》中的主要形象，并且可能同样具有性支配和性操纵的意味。为了实现这一点，恩斯特在其中加入了非常明显地指涉非欧洲艺术的元素。此外，作品中关于国际象棋的意象是恩斯特在继续与杜尚展开艺术对话。这件雕塑还与阿尔贝托·贾科梅蒂的早期作品有明显的相似之处，尤其是他在 20 世纪 30 年代创作的桌面雕塑作品。这件雕塑中国王干净的镂空躯体形态或许可以与恩斯特早期的绘画联系起来，比如在《女人、老人和花》（彩色图版 10）里，画中花朵的主体就像一个空壳。

42

着迷于非欧几里得苍蝇的年轻人

Young Man Intrigued by the Flight of a Non-Euclidean Fly

1942—1947 年；布面油画和清漆画；82cm×66cm；私人收藏，瑞士

图 32

欧几里得

1945 年；
布面油画；
64cm×59cm；
梅尼尔基金会收藏，休斯敦

在这幅画中，弯曲的线条和斑点围绕着一个中心不规则地运行——这是恩斯特在罐头底部打一个洞，装满颜料，然后用绳子将其吊在画布上方甩动而绘制出来的。艺术家可以引导罐头的移动，但却无法完全控制它。恩斯特说，这一过程完成后，画面的主题就通过自由联想突显了出来。虽然这幅画遵循了超现实主义的创作工序（控制和自动主义的结合），但最终成品更多地展现的是幽默性，而非启发性。维尔纳·斯皮斯指出，用这种方法绘制成的网让他联想起神话人物阿里阿德涅（Ariadne），由此再想到弥诺陶洛斯和迷宫的故事。杰克逊·波洛克（Jackson Pollock）于 1942 年看到了这件作品，并对这种绘画手法产生了浓厚的兴趣，尽管他的滴色画在规模、画风和技巧方面都与之有很大的不同。

恩斯特对非欧几里得几何学非常感兴趣，这门学科能够在我们存在的三维空间之外描述其他由数学构建的维度，而第三维度曾是 20 世纪第一个十年中科学革命的基础。也许我们可以直截了当地对这幅画做出解读：一个瘦削但又十分理性的年轻人正在被眼前无法控制的苍蝇所烦扰。然而，画中形象的身份带有典型的模糊性，镶嵌着复眼的头看上去更像一个苍蝇头，而不是一个男人头像。这幅画与作品《欧几里得》（*Euclid*，图 32）有些联系，后者中也有相似的三角形头部。就其主题来看，《欧几里得》很自然地用复杂的网格线条勾勒出更井然有序的背景。这件作品让人联想起朱塞佩·阿尔钦博托（Guiseppe Archimboldo）创作于 16 世纪的精美复合肖像画。尽管几何形状在《欧几里得》中占主导地位，但用刮擦法绘制的搭在人物手臂上的衣服还是呈现出了强烈反差。

这幅画最开始被命名为《抽象艺术，具体艺术》（*Abstract Art, Concrete Art*），之前的这个标题似乎更有趣。在战后的巴黎，艺术界陷入了一场关于抽象和具体两种对立倾向的论战中，辩论的焦点在于绘画应该独立于现实，还是应该将现实抽象化。恩斯特的朋友让·阿尔普加入了这场名为"具体艺术"的运动。1945 年，巴黎举办了一场重要的具体艺术展。这幅作品中并存的迥异风格似乎重演了战后抽象艺术家之间的激烈冲突，其中包括崇尚随机的塔希派画家与新柏拉图几何派画家之间的争论。

43

在我之后，睡去
After Me, Sleep

1958 年；布面油画；130cm×89cm；乔治·蓬皮杜中心，国立现代艺术博物馆，巴黎

　　《在我之后，睡去》是恩斯特为 1952 年去世的好友保罗·艾吕雅创作的挽歌。画作母题源自 1929 年左右恩斯特为这位诗人的图书馆制作的藏书章（ex libris）。虽然我们可以将这幅作品与鸟类纪念作品（彩色图版 16 和 17 以及 20）相提并论，但这件作品似乎比恩斯特在 20 世纪 20 年代的作品处理得更为细致认真。

　　《在我之后，睡去》是那一时期恩斯特对画作表面优先关注的例证。与早期的作品相比，尤其相对于 20 世纪 20 年代早期生硬的拼贴画面而言，这是一部画面葱郁而美丽的作品。讽刺的是，这种对绘画技法的明显改进却通常被认为恰逢人们对作品本身兴趣的下降。恩斯特在形式和象征手法上展现的严肃性，直接反映了他与超现实主义的决裂。这件事在很大程度上是由于恩斯特在 1954 年威尼斯双年展上获奖，此后布勒东把这一事件称为恩斯特的"威尼斯献祭"（Venetian consecration），并评论道："这是他对超现实主义同道的背弃，在朋友们看来，他的革新道德理念远比他强调的'图像'立场更重要。"

　　尽管如此，这些作品延续了恩斯特早期的创作趣味。早在 1934 年，恩斯特在《什么是超现实主义》（*Was Ist Surrealismus?*）一书中写道，超现实主义者不只是描绘梦境，否则就等同于"朴素的写实主义"，也并非用梦境元素来构建"小世界"，否则就等同于逃避主义，他们所做的"……不如说是在内部世界与外部世界之间灵与肉极度现实（超现实）的边界——如果这种边界在很大程度上还未被定义的话——自由地、大胆地、自然地移动，记录他们在那里看到和体验的一切，并在自己本能所暗指之处进行干涉"。量子物理学理论概述的法则中主体与客体之间界限的消解显然确认了超现实主义理论，这也为恩斯特继续探索之前的创作兴趣提供了自然层面的基础。

老父亲莱茵河

Old Father Rhine

1953 年；布面油画；114cm×146cm；艺术博物馆，巴塞尔

　　釉面涂层创造了一个重叠现实的透明世界，其中意象的身份在合并之后就丧失了。约翰·罗素将此理解为无意识对有意识解读的替代。蜿蜒的河流在画面中心勾勒出一个"头"，这让人想起古代人们对河流的拟人化。"头"包含了由线条勾勒出的鸟类形状，而完全没有人类存在的迹象——这是一幅描绘自然的作品，也可以说它关乎的是在自然形态中对符号进行解读。

　　相比恩斯特之前的作品，这类画作毫无疑问显得怪异。如果我们承认当时超现实主义的关注点已经被第二次世界大战的议题取代，那么我们便可以推测那时的恩斯特已经不再从革命当中去寻求庇护，而转向了自然界。他在这幅作品中安置的那种崇高的和谐感几乎要用思想来把握，并持续存在于视线中，而不同于在极端非理性中的一瞥。尽管如此，这种感觉也超越了知识上的理解。

　　无论是谈及《自然史》中的擦印法，还是相关的刮擦法，恩斯特的拉马克主义倾向仍然无法被定义。他关注创作过程，破裂并流动的过程。他之后的作品则具有一种固定性，就像《老父亲莱茵河》一样，其中相互渗透的目的是将元素融合在一起，而不是随意而粗暴地将各式各样的自然元素束缚成一个泛神论式的整体。

梅杜萨的科罗拉多

Colorado of Medusa

1953 年；布面油画；73cm×92cm；私人收藏，巴黎

    这幅画明显指涉了泰奥多尔·热里科（Théodore Géricault）的《梅杜萨之筏》（*The Raft of the Medusa*，1817—1819 年）。"Radeau"在法语中意为"木筏"。如果两者确有这种关联，那么在早期超现实主义中有关沉船和海上之旅的主题就和该作品有关——那些主题通常是关于"意识的船只在本我的疾风大浪中迷失"以及"深层次的探索之旅"。这幅画很可能指涉了恩斯特和坦宁等人于 1948 年在科罗拉多河沿岸的旅行，当时他们的团队被误称失踪了。

    我们并不清楚画面场景描绘的是水面之上或是之下，还是两者兼而有之。在画作的下半部分，一条鱼和一个貌似狮身人面的形象似乎在进行交流。画面上的一部分颜料被擦去，由此呈现出粗糙而统一的表面，与某些运用了转印法的部分结合在一起。这幅作品的部分内容几乎可以与色域绘画联系起来：均匀同质的表面将作品统一为整体，与拼贴画甚至是擦印画中激进的多样性形成了鲜明对比。

    在创作这幅画的同年，恩斯特还在他的《七种微生物》（*Sept Microbes*）一书中写了一首与这幅画显然相关的诗：

> 科罗拉多，
> 在闻到气味之前抓住了昏沉的我们
> 又苦又甜的沥青
> 巧克力般的石灰岩
> 湿透的衣服呈现出绿色
> 还有海蜇
> 科罗拉多
> 梅杜萨的科罗拉多

46 将死的浪漫主义
Almost-Dead Romanticism

1960 年；布面油画；32cm×23cm；私人收藏，米兰

　　这件作品在创作过程中混用了刮擦法和转印法。其标题（法语为 *Quasi-Feu le Romantisme*）通常被认为具有讽刺意味，但正如恩斯特大多数时候的讽刺态度一样，这一标题背后还有某种严肃的观点。有时，超现实主义会被定义为浪漫主义的余殇，尤其是在第二次世界大战之后，而恩斯特对浪漫主义意象（星星、森林、废墟、鸟类和怪物）始终如一的兴趣便是支撑这一论调的证据。画中的森林柔和平缓，而树叶霉斑和林间碎石的聚集效果透露出一种淡淡的哀伤。画面上方的椭圆形光盘似乎发出渐弱的光线，而整个画面的明亮度也比较暗淡。与恩斯特早期的森林系列相比，这幅小件作品将观众置于森林之内，视线没有清晰的出路，而不是从外向内地去欣赏这个险恶的景象。

　　恩斯特在后期的一些作品中明显加入了自己的情感和奉献，这与他早前作品中呈现的超然态度形成了鲜明对比。拼贴画的生硬甚至笨拙似乎在无意间打造出奇幻之景，这些画作不是以美术作品的形式来呈现的，而更像是偶然邂逅的收获。恩斯特对当代科学的兴趣加之他从微观摄影中获取的灵感，连同美丽的涂绘表面一道消除了这种距离感，并似乎也将这些晚期作品与曾经那个天才和灵感层出不穷的世界联系了起来。

max ernst

47

天真的世界
The World of the Naive

1965 年；布面油画；115.8cm×88.7cm；乔治·蓬皮杜中心，国立现代艺术博物馆，巴黎

　　恩斯特在其 1964 年出版的《马克西米利安那》(*Maximiliana*) 中使用一种象形的"秘密"写作方式，讲述了 19 世纪业余天文学家威廉·坦普尔 (Wilhelm Tempel) 的故事，当时他的研究成果被专业人士否定与批判。这幅作品画面和标题中的元素似乎呈现了同一个主题。这种神秘的写作方式也让人联想到超现实主义作家兼画家亨利·米肖 (Henri Michaux) 的写作，从而营造出一种由无休无止、似是而非的解读所构成的语体风格，如同在炼金术和精神分析的伪科学系统中一样（图 33）。就像 20 世纪 20 年代的那些拼贴画一样，恩斯特的这幅画对意义进行了模拟。

　　这件作品被细线划分为不相关的各个部分，其中的各种形态不时映照彼此，观众就像在低头观看一系列结构复杂的镜子一样。鸟类和人物以象形文字的形式呈现出来，与密密麻麻的文字、喷涂的行星形状、模糊不明的背景图形相映成趣。画面的观感让人觉得作品呈现了多个视觉平面，文字和图画就像出现在玻璃格窗的表面一样，这些格窗要么是完全透明的，要么部分反射出另一个层面。因此，这些文字内容和再现物象可以被看作被镌刻在一个无法辨明的世界之上。这些东西尽管非常清晰，但是实际上与它们想要映现的事物一样，是神秘而难解的。

图 33
《马克西米利安那》中的插画

1964 年；
原拼贴画现存于汉堡艺术与工艺美术馆

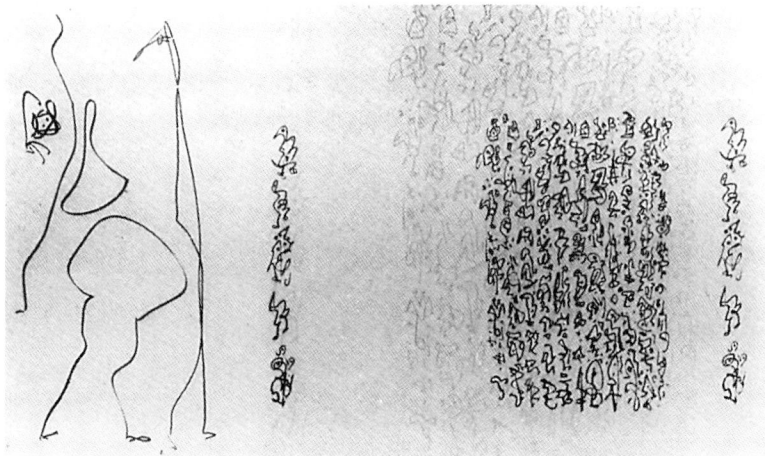

48

天地婚姻
The Marriage of Heaven and Earth

1962 年；布面油画；116.2cm×88.9cm；洛伊丝和乔治·德·梅尼尔收藏，巴黎

　　这幅作品是恩斯特在 1960 年至 1962 年间创作的一系列有关行星和太阳的作品之一。在这幅画中，我们可能会注意到恩斯特早期的尖锐讽刺性平和了许多。在同时期的许多类似作品中，恩斯特都使用了他在 1917 年文章中提到的蓝黄两色的对立。这种对立通常出现在大地和太阳之间，且这两个物象的属性经常被对调，太阳看起来很暗，大地却很明亮。在这幅画里，一个相对更暗、带有喷涂光环的行星飘浮在明亮得多的地面之上，似乎在对地面作出反应，并在太阳下方形成了一个碗状的图形。观者显然需要认真思考这一空间画面的象征意义。画面再次呈现了炼金术的相关母题，即地球与太阳之播种般光芒的结合。

　　观众应该怎样认真思考眼前这幅和谐的宇宙景象呢？这件作品和《天真的世界》（彩色图版 47）或许见证了符号和宇宙、意象和再现之间的一种隐秘的和谐状态，甚至就连画作中使用的擦印法都可以看作对自然和心灵的全新发现。在整个职业生涯中，恩斯特一直对类似的宇宙主题怀有兴趣，而他的作品也充斥了行星和太阳的各种形态。他在 1925 年创作的几幅作品，例如《海和太阳》（*Mer et Soleil*，图 6），就与这件晚期作品非常相似，那幅画里也出现了一个昏暗的太阳，其上方还有一个明亮而酷似一只眼睛的太阳。在画作《人们对此一无所知》（彩色图版 12）中，对立事物在炼金术中与宇宙层面上的"结合"无疑也是主题之一，但那幅画中意象的距离感甚强并带有讽刺意味。而在《天地婚姻》中，没有任何暗示让我们不去直截了当地解读这幅画。尽管恩斯特早期作品中的讽刺有时过度了，特别是在那些运用了擦印法的作品中，但后来恩斯特显然重拾了和谐自然的理念，以及对色彩和美的重视。

"彩色艺术经典图书馆"系列介绍

这是一套系统、专业地解读艺术，将全人类的艺术精华呈现在读者面前的丛书。

整套丛书共有 46 册，精选在艺术史中占据重要地位的 38 位艺术家及 8 大风格流派辑录而成，撰文者均为相关领域专家巨擘。在西方国家，该丛书被奉为"艺术教科书"，畅销 40 多年，为无数的艺术从业者和艺术爱好者整体、透彻地了解艺术发展、领悟艺术真谛提供了绝佳的途径。

丛书中每一册都有鞭辟入里的专业鉴赏文字，搭配大尺寸惊艳彩图，帮助读者深入探寻这些生而为艺的艺术大师们，或波澜壮阔，或戏剧传奇，或跌宕起伏，或困窘落寞的生命记忆，展现他们在缤纷各异的艺术生涯里的狂想、困惑、顿悟以及突破，重构一个超乎想象而又变化莫测的艺术世界。

无论是略读还是钻研艺术，本套丛书皆是你不可错过的选择，值得每个人拥有！

以下是"彩色艺术经典图书馆"丛书分册：

凡·高 威廉·乌德 著	**毕加索** 罗兰·彭罗斯 著	**勃鲁盖尔** 基思·罗伯茨 著	**浮世绘** 杰克·希利尔 著
马奈 约翰·理查森 著	**毕沙罗** 克里斯托弗·劳埃德 著	**莫奈** 约翰·豪斯 著	**康斯太勃尔** 约翰·桑德兰 著
马格利特 理查德·卡沃科雷西 著	**丢勒** 马丁·贝利 著	**莫迪里阿尼** 道格拉斯·霍尔 著	**维米尔** 马丁·贝利 著
戈雅 恩里克塔·哈里斯 著	**伦勃朗** 迈克尔·基特森 著	**荷尔拜因** 海伦·兰登 著	**超现实主义绘画** 西蒙·威尔逊 著
卡纳莱托 克里斯托弗·贝克 著	**克里姆特** 凯瑟琳·迪恩 著	**荷兰绘画** 克里斯托弗·布朗 著	**博纳尔** 朱利安·贝尔 著
卡拉瓦乔 蒂莫西-威尔逊·史密斯 著	**克利** 道格拉斯·霍尔 著	**夏尔丹** 加布里埃尔·诺顿 著	**惠斯勒** 弗朗西丝·斯波尔丁 著
印象主义 马克·鲍威尔-琼斯 著	**拉斐尔前派** 安德列·罗斯 著	**夏加尔** 吉尔·鲍伦斯基 著	**蒙克** 约翰·博尔顿·史密斯 著
立体主义 菲利普·库珀 著	**罗塞蒂** 大卫·罗杰斯 著	**恩斯特** 伊恩·特平 著	**雷诺阿** 威廉·冈特 著
西斯莱 理查德·肖恩 著	**图卢兹-劳特累克** 爱德华·露西-史密斯 著	**透纳** 威廉·冈特 著	**意大利文艺复兴绘画** 莎拉·埃利奥特 著
达·芬奇 派翠西亚·艾米森 著	**庚斯博罗** 尼古拉·卡林斯基 著	**高更** 艾伦·博尼斯 著	**塞尚** 凯瑟琳·迪恩 著
达利 克里斯托弗·马斯特斯 著	**波普艺术** 杰米·詹姆斯 著	**席勒** 克里斯托弗·肖特 著	**德加** 基斯·罗伯茨 著

（按书名汉字笔画排列）